Glück sammeln

Neue „Herzenswärmer"-Geschichten
von Christl Fitz

CON-TEXT
Dr. Alexander Bronisch

Grafik und Satz: Dagmar Rogge, dagmar.rogge@t-online.de
Redaktion: Dr. Alexander Bronisch, Warngau
Digitalisierung der Bildvorlagen: Krikor R. Seebacher
© Fotos: Dr. Alexander Bronisch
Druck: Mayr Miesbach GmbH, DRUCK – MEDIEN – VERLAG

© Bilder auf den Seiten 8–9, 14–15, 36, 76, 88–89, 91,
118, 124–125, 140: Inke Marie Schmitt
© Alle übrigen Bilder: Christl Fitz

1. Auflage 2008

© 2008 by Dr. Alexander Bronisch

ISBN: 978-3-939813-03-3

Die Deutsche Nationalbibliographie verzeichnet diese Publikation.
Detaillierte bibliographische Angaben sind im Internet über
http://dnb.d-nb.de abrufbar.

Erschienen im Verlag von Dr. Alexander Bronisch, Con-Text,
Heigenkam 1, 83627 Warngau, Tel.: 0 80 21-90 91 47,
Fax: 0 80 21-90 95 84, E-Mail: info@con-text.biz

Glück sammeln

Neue „Herzenswärmer"-Geschichten
von Christl Fitz

Illustrationen aus
Aquarellen und Öl-Gemälden
von Christl Fitz
und Inke Marie Schmitt

Inhalt

Vorwort	6
Glück sammeln	10
Die Roßboin	16
Die Franzosen	20
Wolken und Schwalben	24
Altweibersommer	32
Eine gewisse Kultur	38
Ein Waldspaziergang	46
Der Prinzenapfelbaum	54
München brennt	60
Es wird eng	68
Was ist Frieden?	74
Schlittenfahrt	82
Das kleine Glück	92
Tausend Sterne	98
Wie mißt man mit einem Faden die Zeit?	100
Versoffene Jungfern, arme Ritter	106
Versteckt im Schrank	114
Der letzte Kriegswinter	122
Hoffentlich kommen die Amerikaner	130
Kriegsende	136
Epilog	148

Vorwort

Wir erleben in dem vorliegenden Buch zusammen mit Christl Fitz eine mehr oder weniger sorgenfreie Kindheit auf dem Lande, auf einem Hofgut, wo sie bis heute mit ihrer Familie lebt. Ganz so sorgenfrei, wie es den Anschein hat, sind diese Kinderjahre für die kleine Christl freilich nicht, denn sie werden immer wieder überschattet durch die Auswirkungen der Nazizeit und des Zweiten Weltkriegs.

Ihre Erlebnisse während dieser Jahre und die Geborgenheit im gemütlichen elterlichen Haus prägen das tief empfindende und damals schon ungewöhnlich fantasiebegabte Kind. Eine wichtige Rolle spielen in Christls jungem Leben auch die Krankheit und der frühe Tod ihres Vaters, zu dem sie eine besondere Bindung hatte, der ihr viel aus seinem Leben erzählte und der ihr die Tier- und Pflanzenwelt nahebrachte. Mit ihm führte sie Gespräche wie unter Erwachsenen und er ließ sie darüber nachdenken, dass auch sie eines Tages für den Familienbesitz verantwortlich sein werde. Der Beitrag „Ein Waldspaziergang" in diesem Buch hat mich beim Lesen des Manuskripts besonders beeindruckt, schildert er doch aussagekräftig das ganz besondere Verhältnis zwischen Vater und Tochter.

Einfühlungsvermögen und selbst Erlebtes in einem unverwechselbarem Stil darzustellen, machen die Begabung der Autorin aus, die wir schon aus ihrem ersten Buch „Herzenswärmer" kennen. So versteht sie es, Leser verschiedener Generationen in ihre scheinbar kindliche Welt einzubeziehen. Wenn Christl Fitz hin und wieder auch ein wenig Fantasie spielen lässt, so geschieht dies mit dem ihr eigenen Fingerspitzengefühl und einem hohen Maß an Bescheidenheit. So wird es beispielsweise ihr Geheimnis bleiben, ob's ihren Freund Kurti, der uns immer wieder durch ihre Geschichten begleitet, wirklich gab oder ob er eine Figur reger Fantasie ist.

Mit ihrem neuen Buch ist es Christl Fitz noch einmal gelungen, Stimmungen zu „malen", den Leser in die Zeit ihrer Jugend mitzunehmen, die geprägt war von Besinnlichkeit, vielleicht auch von Ruhe – und sie tut das ohne überflüssige Dramatik. Ist es nicht eigentlich genau das, was wir alle heute wieder suchen?

Ich wünsche den Lesern von „Glück sammeln" viel Freude mit diesem Buch. Nehmen sie sich Zeit bei der Lektüre und schenken sie sich mit den Geschichten ein paar schöne Stunden.

Peter Frhr. v. Welser

Glück sammeln

Einmal erbettelte ich mir von meiner Mutter ein Kästchen. Es stand versteckt hinten im Schrank, in dem auch das gute Geschirr aufbewahrt wurde. Feine runde Deckchen mit Petit-Point-Stickerei zwischen jedem der kostbar bemalten Teller schützten diese vor dem Zerkratzen. Auch lagen säuberlich gefaltete größere Batist-Spitzentischdecken, vergilbte Damastservietten und allerlei Krimskrams, den ich nur vorsichtig anfassen und betrachten durfte, in den Fächern. Selten öffnete meine Mutter dieses schwere alte Möbel. Das Schnappschloß klemmte und die Tür ließ sich nur mit einiger Kraftanstrengung öffnen. Der Schrank, den ich den Schatzschrank nannte, war gewaltig groß und tief. Die Zimmerdecke, die sich in dem vor dem Krieg als Eßzimmer genutzten Raum durch das Alter des Hauses leicht gesenkt hatte, stützte sich schwer auf seinen Sims. Dafür aber drückte sich der Boden des Barockschranks leicht schräg in den Fußboden, an dieser Stelle waren die Dielen durchgefault und hatten nachgegeben. Das freute die Mäuse. Sie nisteten sich zu unserem Schaden im Haus ein, kratzten und scharrten in den Ritzen des Mauerwerks und wanderten durch die Löcher im Fußboden überall hin, fraßen Bücher und die gesammelten Bände einer alten Brockhausausgabe an und bauten Nester gefüllt mit Papierschnipseln und Textilfäden. Wurde es draußen kalt, sprangen auch noch die Feld- und Spitzmäuse durchs offene Kellerfenster. Sie machten sich über die eingelagerten Feldfrüchte und Äpfel her, fraßen sich an einer Stelle durch die Schale, und hinterließen kleine schwarze Knötchen sowie rotbackige Äpfel und knollige Kartoffeln, die innen hohl waren. Kater Peterl und Murli, die Hauskatze, wurden zur Mäusejagd in den Keller und in einzelne Räume gesperrt. Aber Raudi, unser Dackel, hatte mehr Erfolg! Wenn wieder jemand schreiend vor Angst wegen so einer kleinen Maus durchs Haus flüchtete, gab Betty unserem Hund den Befehl: „Suach die Maus!" In Windeseile jagte der Dackel los, tobte rücksichtslos unter Stühlen und Tischen durch, klemmte sich unter Kommoden, blies seine schmalen Backen auf und pustete in Fußbodenleisten.

Nun war ich also im Besitz des mit Muscheln verzierten Kästchens, das schon meiner Mutter in deren Kindheit gehört hatte. „Was hast du darin aufgehoben?", erkundigte ich mich. „Ich habe in dem Kästchen das Glück gesammelt", lächelte meine Mutter geheimnisvoll. Sie ließ das komplizierte Schloß des Schranks zuschnappen und mir kam es vor, als habe sie damit auch das Geheimnis des Kästchens wieder verschlossen. „Glück sammeln? Wie hast du das gesammelt?", versuchte ich zu ergründen. Meine Mutter sah mich an. „Das mußt du für dich selbst herausfinden." „Das Kästchen ist doch leer?", bohrte ich nach und hätte zu gerne mehr übers Glücksammeln erfahren. Aber meine Mutter stand schon an der Türe. Irgend jemand rief nach ihr und unser Hund bellte wie verrückt.

Ich lief mit meinem Geschenk in die Küche zu Betty, unserer Köchin. „Woast du, wia ma 's Glück sammelt?" „Hob i dir doch ins Poesiealbum neigschriebn. Brauchst as bloß lesen!", brummte sie und kümmerte sich nicht weiter um mich.

Ich stieg über die knarrende Treppe und besuchte meine Großmutter in ihrem Zimmer. „Glück sammeln? Betty sagt, sie hat es aufgeschrieben? Merkwürdig? Klingt nicht nach einem Kochrezept!" Meine Großmutter schaute gedankenverloren vor sich hin und spielte mit ihren beiden Ringen. Ich fühlte, wie sie in ihrer Erinnerung weit zurück in ihr Leben reiste und der Schimmer eines jungen Mädchens zeichnete sich in ihr altes Gesicht. „Glück", sagte sie dann. „Das kannst du nicht sammeln, das fällt dir zu! Da hast du deine Mutter sicher falsch verstanden. Du kannst es weder kaufen, noch ihm nachjagen. Glück mußt du in dir fühlen, um glücklich zu sein!"

Nun war ich genau so schlau wie vorher. Meine Großmutter schwieg und setzte sich an ihren Biedermeier-Schreibtisch. Dann nahm sie das Kästchen, in dem sie viele kleine Dinge wie Nadelbüchsen, Winterhilfsfigürchen von den Sammlungen fürs Winterhilfswerk, eine kurze Korallenkette, einige glänzende Steine, einen Ring und andere Dinge aufbewahrte. Manchmal erlaubte sie mir, alle diese Schätze zu betrachten.

„Es ist nichts Wertvolles, was du darin findest und doch sind es für mich Kostbarkeiten, an denen mein Herz hängt", erklärte sie und nahm ein Amulett mit dem Bildnis der Gottesmutter von Altötting aus ihrer Wunderschatulle. Dann öffnete sie ihre Schreibmappe, wählte ein Blatt Papier und griff nach ihrem Federhalter. Die Tinte leuchtete lila, ein kleiner Fleck tropfte aufs Papier. „Das macht nichts", meinte sie und nahm ein Löschblatt. Mit spitzer Schreibfeder, die etwas kratzte, malte sie fein säuberlich einen längeren Satz. Dann faltete sie den Bogen winzig klein zusammen, fügte das Amulett dazu und steckte beides in einen winzigen Umschlag von der Größe einer Visitenkarte. „Gib mir mal dein Kästchen!", forderte sie mich auf. „Ich lege dir als Grundstock für deine Sammlung diesen Umschlag zu unterst hinein. Jetzt kannst du die kleinen Dinge, an denen dein Herz hängt, die du gesammelt oder mal geschenkt bekommen hast, darin aufheben. Jedes dieser Dinge verbindet dich vielleicht gedanklich mit einem Glücksgefühl, als du es zum ersten Mal in die Hand nahmst!"

„Ja!", dachte ich, „das Federchen vom Eichelhäher und das blaue Vogelei". Beides hatte ich auf einem Waldspaziergang mit meinem Vater gefunden. Und es gab andere Dinge, die ich in das Muschelkästchen legen würde.

„Was hast du für mich geschrieben?", störte ich erneut die Gedankenwelt meiner Großmutter. Sie spielte wieder mit ihren beiden Eheringen, die sie seit dem Tod meines Großvaters zusammen am Ringfinger trug, und meinte: „Glück, glücklich sein empfindet jeder Mensch anders. Ich habe geschrieben, schöne Erinnerungen sind die Zinsen des Glücks. Vielleicht verstehst du später mal, was ich dir damit sagen will. Aber heute, in dieser sorgenvollen Kriegszeit, da die Angst uns bedrückt, und man oft nicht weiß, wie es weitergeht, sind sie besonders wichtig, die kostbaren Momente und Gefühle des Glücks, die es in sich zu bewahren gilt. Man muß dankbar für sie sein, weil sie einem Kraft geben".

Dann schwieg sie und nahm die vergilbte Fotografie meines Großvaters im Silberrahmen zur Hand, lächelte fein und wirkte wieder wie ein junges Mädchen.

Die Roßboin

Wie gewöhnlich trödelten der Kurti, mein Freund, und ich auf dem Heimweg von der Schule über die Wiesen. Entlang der gekiesten Fahrstraße wucherte an einem Wegstück eine breite Fichtenhecke. Der Kurti und ich hatten uns oben auf den gestutzten Bäumen einen Ausguck gebaut. Trotz der kratzenden Fichtennadeln und rauhen Zweige kletterten wir oft durch die wirren Äste nach oben, um in luftiger Höhe Menschen und Fuhrwerke zu beobachten. Auch Leute erschrecken, ohne selbst gesehen oder entdeckt zu werden, machte Spaß. „Heit schmeißn mir Roßboin oba", stiftete der Kurti mich an. Eifrig sammelten wir die festen knödeligen Mistboller, die nach Pferd rochen, und transportierten sie nach oben.

Niemand außer dem alten Wegmacher hatte eine Ahnung, daß wir versteckt dort oben in der Hecke saßen. Tag für Tag Wind und Wetter trotzend, mit Schubkarren, Schaufel und Besen unterwegs, hielt er die einzelnen Abschnitte der Straße in Ordnung. Er füllte die großen Schlaglöcher wieder mit Kies auf, räumte Dreck und Pferdemist zur Seite und hielt die Straßengräben sauber. Im Winter schaufelte er den Schnee und half beim Schneepflugfahren. Kam er an der Hecke vorbei, schaute er zu uns hinauf, nickte uns zu, wenn wir „Grüß Gott, Wegmacher!" schrien.

An dem Tag, an dem wir mit den Pferdeäpfeln auf Leute geworfen hatten, erwartete uns allerdings eine böse Überraschung. Als wir uns endlich wieder nach unten gezwängt hatten, suchte ich im Gestrüpp nach meinem Schulranzen. „Mei Schuiranzn? Der is nimma do und der deinige is a furt!",

stellte ich besorgt fest. Alle beide – Kurtis und meiner – waren verschwunden. „Mei warn mir bläd! Mir hamms einfach so higschmissn, wia uns des mit de Roßboin eigfoin is", jammerte der Kurti und bohrte andächtig in der Nase. Er schaute mich ebenso ratlos an wie ich ihn. Dann erklärte er „I geh ohne mein Schuiranzn ned hoam, mei Mama haut mi!" „Na bleib i aa do!", beruhigte ich ihn. Wir überlegten. „Seids ihr oiwei no do?", kicherte es plötzlich unerwartet in nächster Nähe. Der Wegmacher grinste. „Jetzt hot si amoi oana mit eich a Gspaßl gmacht, gell, do schaugts." Der Kurti kniff die Augen zusammen und erklärte dann großkotzig: „Unsre Schuiranzn hot oana gstoin. Des sog i meim Papa, der is bei da Partei, der zoagt den o, der de Schuiranzn gstoin hot. Na werd er eigsperrt und kimmt ins Zuchthaus!" Der Wegmacher drehte sich wortlos um. Dann warf er unsere Schulranzen aus seinem Schubkarren und ging davon. „Wiaso host du des gwußt, daß der Wegmacher die Schuiranzen mitgnomma hot?", fragte ich meinen Freund und erhielt zur Antwort: „I hob mas denkt!"

Nach langen Monaten, die wir ohne Umwege heimgegangen waren, sagte der Kurti zu mir: „Also mir macht unser Versteck in da Hecken koa Freid mehr. Da Wegmacher redt a nimma mit uns!" Außerdem hatten die großen Buben, deren Schulweg noch länger war, als der unsere, längst von unserem Aussichtsplatz Besitz ergriffen. Sie drohten uns Watschen (Ohrfeigen) an, falls wir ihnen dort in die Quere kommen würden.

Die Franzosen

Der Sommerwind spielte mit den Blättern der Büsche und Bäume und hüllte den Garten in den feinen Duft von Lindenblüten und Jasmin. Auf dem gekiesten Platz vor dem Haus flimmerten die Sonnenstrahlen auf den Steinen, so daß man hätte meinen können, das Sterntalerkind sei aus dem Märchenbuch gefallen und habe seinen Schatz aus dem Schürzchen verloren. Ich träumte in den Himmel und blinzelte gegen die Sonne in die Zweige unseres Hausbaums, einem Ahorn. Äste und Zweige schwangen wie im Reigen ineinander, wiegten sich im Rhythmus des Windes und warfen tanzende Schatten auf den lichterfüllten Boden. In der Harmonie dieses Morgens erklang die Stimme meiner Großmutter, die in meiner Nähe saß. Sie sagte zu meiner Tante, die ebenfalls diesen Vormittag genoß: „Es ist so friedlich, man möchte meinen, es gäbe weder die Sorge um die Familie, noch die Kriegsangst, die wir alle in uns tragen. Wer weiß, was noch kommt!" Ich hatte Sorge um den Kurti, den ich seit Tagen nicht getroffen hatte. War er krank?

Nein, denn unerwartet tauchte er wenig später plötzlich im Gebüsch der Haselnußsträucher auf. Er brüllte etwas und kam auf mich zu. „Schnei, i muaß dir wos zoagn! Kimm schnei!", forderte er mich auf.

Wir krochen unter zwei Stacheldrahtzäunen durch, liefen über eine Wiese, schlichen hinter dem Stall und Misthaufen des Nachbarhofes herum, landeten in einem Dickicht von Brennesseln, um zuletzt ungesehen zu beobachten, wie einige Handwerker die Fensterchen des winzigen Zuhauses vergitterten, wie sie die Türen mit doppelten Schlössern versahen und die kleinen Kammern bis ins letzte Eck mit Holzpritschen vollstellten. „Des werd 's Gfängnis, hot mei Papa gsogt! 'S Gfängnis für die kriegsgfangna Franzosen, die jetzt überall arbatn müassn! Weil unsere deutschen Männer Soldaten sand", erklärte der Kurti. Ich wagte nicht zu fragen, warum dann sein Papa daheim war und anschaffte, daß dieses kleine Haus zum Gefängnis umfunktioniert wurde.

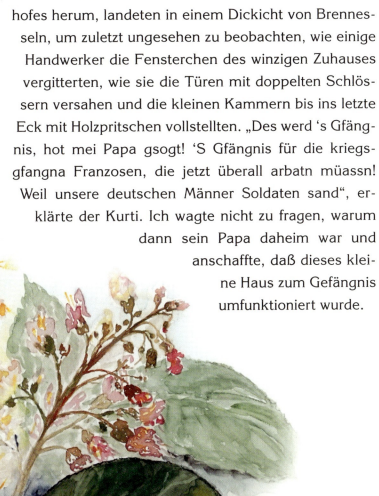

Uns wurden die beiden Franzosen Louis und Jean zugewiesen. Jeden Morgen erschienen sie zur Arbeit auf dem Hof, abends mußten sie zurück in ihr Gefängnis, das von einem Soldaten mit Gewehr bewacht wurde. „Wos dean de auf d'Nacht, wenns ned schlaffan?", überlegte der Kurti und wollte es genau wissen. Diesmal war auf den Erkundungsstreifzügen Richtung Kriegsgefangenenlager auch meine Schwester dabei. Wir schlichen uns wie Indianer auf dem Kriegspfad zu diesem geheimnisumwitterten Häuschen. Seitlich am Misthaufen, wohin auch die Hinterlassenschaften aus dem Häuschen mit dem Herz flossen, türmte sich ein Berg von leeren Schneckenhäusern. „Mei! Wos is'n des? De fressn Schneckn!", stellte der Kurti mit Grausen fest. Es klang, als habe er bei dieser Entdeckung soeben die letzten Reste einer Mahlzeit von Menschenfressern gefunden. „Schneckn fressn de Franzosen!"

Schnecken essen? Nein, das konnte ich mir auch nicht vorstellen, daß man so etwas tat? Vielleicht mußten die Franzosen sie zur Strafe verspeisen, weil sie doch unsere Feinde waren? Ich nahm mir vor, meine Großmutter danach zu fragen. Betty, unsere Köchin, wußte darüber bestimmt nicht Bescheid und meine Großmutter sprach französisch. Viel später habe ich erfahren, daß die Franzosen die Weinbergschnecken unten am Fluß, an der Mangfall, sammelten, um damit ihre viel zu spärliche Essensration aufzubessern

Wolken und Schwalben

Eine dicke weiße Wolke, die wie eine Ente aussah, schwamm im Blau des Himmels. Winzige Wattewölkchen folgten gemächlich, dehnten sich breit und lang, bekamen das Aussehen unserer Schafe, Kühe, Pferde und Hühner. Aber auch ein Kamel formte sich in den Wolken und ein Gebirge baute sich auf, gewaltiger, höher, als die Berge, die ich kannte. Der Hirschberg, die Neureuth, die Gindelalm, der Wendelstein waren mir vertraut, und auf den Wallberg war ich mit meinen Eltern in diesem Sommer schon einmal gewandert. Ich beobachtete die Wolken. Auch sah ich den Schwalben zu, wie sie zwitschernd kreuz und quer über das Dach unseres Bauernhauses segelten.

Bald war Mariae Geburt. „8. September, da fliegen die Schwalben furt." Betty, die den Jahreskalender mit allen Bauern- und kirchlichen Feiertagen im Kopf hatte, kannte auch dieses Datum. Seit sie in jungen Jahren aus Niederbayern als Wirtschafterin zu meinen Großeltern auf den Hof gekommen war, beobachtete sie die Natur und natürlich auch die Schwalben. Jetzt im August schauten wir gemeinsam zu, wie

sie sich sammelten, in langer Reihe auf den Stromdrähten zwischen den Masten aufgereiht wippten und aufgeregt zwitscherten. „Wenns nur guat wieda hoamkemman", wünschte Betty Jahr für Jahr, denn sie war sich sicher, daß die gleichen Schwalben von ihrer weiten Reise aus Afrika zurück in unseren Stall fanden. Hier bauten sie neue oder bezogen zum wiederholten Mal ihre angestammten Nester und brüteten zweimal. „Glücksbringer sands! Des kloane Glück, des braucht a jeda. Bsonders in da heutigen Zeit und im Stoi! Mei Schatz hot jetzt a in' Kriag eirucka müaßn", hatte Betty wenige Tage zuvor erzählt und sich mit der Schürze die Tränen aus den Augen gewischt.

Meine Mutter verglich die Schwalben mit den vielen Gästen, die von Frühling bis Herbst oft ungebeten bei uns auftauchten. „Sie sind wie die Zugvögel! Im Winter leben wir verlassen, da kommt kein Mensch zu uns aufs Land. Wir wohnen zu einsam und abgelegen. Das sind doch faule Ausreden, schlechte Wege, der Schnee, die Kälte! Aber im Sommer, wenn wir keine Zeit und zuviel Arbeit haben, könnte Betty jeden Tag einen Kuchen backen! Städter glauben, sie müßten dann einen Ausflug Richtung Tegernseer Tal und hierher zu uns unternehmen!" Trotzdem begrüßte meine Mutter jeden Gast mit besonderer Herzlichkeit, sie freute sich über Gespräche, die sich nicht mit den Problemen der Landwirtschaft, des Krieges und der Politik befaßten. Auch an diesem Tag saßen Freunde und Bekannte im Garten unter einem der schattigen Birnbäume und ließen sich bewirten. Zwar jammerte meine Großmutter, mit

Ersatzkaffee – dem „Muckefuck" – und Kräutertee sei kein großer Aufwand mehr zu betreiben, man spüre den Krieg und die Rationierungen jetzt schon überall. Auf dem Land sei das ja noch anders, aber in München, wo sie wohne, sei es in den Läden bereits deutlich zu erkennen.

Meine Großmutter war seit einigen Tagen wieder bei uns. Lange wollte sie allerdings auch diesmal nicht bleiben. „Ich werde in der Stadt gebraucht und kann meine Wohnung nicht so lange allein lassen", entschuldigte sie sich und erklärte den Gästen, wie sehr sich auch das Leben in München durch den Krieg verändert habe. Aber Dank der Tapferkeit deutscher Soldaten, finde der Krieg ja nicht im eigenen Land statt und werde sicher bald gewonnen.
Wenn sie bei uns war, residierte sie in ihrem sogennanten „Lila Zimmer". Im ersten Stock auf der Südseite des Hauses gelegen, war es der gemütlichste und wärmste Raum. Ein wuchtiger Ofen mit grünen Kacheln unterbrach die komplett in Lila gehaltene Einrichtung. Unbemerkt von allen schlich ich mich manchmal in dieses Zimmer, setzte mich auf ein lilaseidenes Kissen und betrachtete staunend die herumstehenden Dinge. Nicht nur Kleinigkeiten wie künstliche Veilchensträußchen, Lackkästchen, das Schreibgerät, sondern auch die Waschschüssel mit dem darin stehenden Wasserkrug, einfach alles war im selben lila Farbton wie die Gardinen, die Tapeten, die Bettdecke, der Teppich und die Polsterbezüge der Biedermeier Stühle gehalten. Zu gerne hätte ich in diese einheitliche Farbsymphonie einen großen knallroten Punkt gesetzt.

Betty hatte trotz der vielen und schweren Feld- und Gartenarbeit einen Apfelstrudel gebacken. Zwar schmeckte er mangels Zucker säuerlich, aber die Damen, die um den Tisch saßen, schien das nicht zu stören. Mich beachtete niemand. So vertrieb ich mir die Langeweile, indem ich mich auf eine karierte Decke ins Gras setzte und sie in meiner Phantasie in einen fliegenden Teppich verwandelte. Auf ihm reiste ich mit meiner Puppe zusammen mit den Wolkentieren durch die Lüfte, um die fernen Länder zu entdecken, die, wie mir mein Vater abends beim Zubettgehen erzählt hatte, noch unbekannte weiße Flecken auf dem Globus darstellten.

Es dauerte nicht lange, da wurde die helle Wolkenwelt von einem dunkeln Wolf mit aufgerissenem Maul verschluckt. Plötzlicher Wind fauchte durch die Bäume. In den Geschichtenhimmel stürmte mein Vater und holte mich zurück in die Realität dieses Sommertages. „Hilf uns die Kühe von der Weide zu holen!" Von Westen her zog eine gelbe Wand in unsere Richtung. „Hoffentlich hagelt es nicht!", rief jemand. In diesem hektischen Trubel des herannahenden Gewitters jagten plötzlich alle wie wild gewordene Gänse durcheinander. Die Gäste retteten Geschirr und die Tischdecke, meine Mutter eilte mit einem Rechen in der Hand zur Hauskoppel, um mitzuhelfen, die letzte Fuhre Heu noch trocken in die Tenne zu bringen. Rosa, unsere Magd, suchte den Stecken, den sie immer zum Treiben der Kühe brauchte.

Die ersten schweren Regentropfen platschten auf mein dünnes Sommerkleid, während Rosa sich vergeblich bemühte, die stramme Drahtschlaufe, mit der das Stacheldrahttor zur Koppel verschlossen war, zu öffnen. Dahinter standen unruhig muhend die Kühe. Der Himmel färbte sich schwarz, blaugrün. Ein gelber Blitz zuckte angsterregend über den Himmel! Knall! Krach! Donner erschütterte die Erde! „Eigschlogn hots!", schrie Rosa angsterfüllt neben mir, „hoffentlich brennts ned bei uns! Heiliger Florian, bitt für uns!" Sie betete laut und fluchte dann auf die Kühe, wobei sie mit ihrem Stecken herumfuchtelte. „Ihr Mistviecher, gehts weida, weida, marsch!" Die Tiere trotteten dicht an dicht Richtung Stall. Es schüttete und das kalte

Regenwasser rann Rosa und mir über den Körper. Aber es hagelte nicht! Das Gewitter zog weiter. Zwischen Blitz und Donner lagen zählbare Pausen, nach denen wir schätzten, wie weit das Gewitter bereits entfernt war. Auf dem Hof stand im strömenden Regen das letzte Fuder Heu. Irgend jemand hatte die Pferde ausgespannt. Wir würden das Heu wieder hinaus auf die Wiese bringen müssen, wo es hoffentlich nicht in den kommenden Tagen im Regen verfaulte; denn die Figuren in meinem Wetterhäuschen zeigten kühles, feuchtes Wetter an.

Als wir zum Stall kamen, blickten wir in entsetzte Gesichter. „Wos is denn passiert?" fragte Rosa erschreckt. „A koider Blitz! Mir zittern no d'Knia! Fahrt nei in den Stoi, roast an de eiserne Freßgitter entlang, schlogt Funken und zischt koid wieda naus! Naus aus'm Stoi!", erklärte eine Frau, in deren Stimme noch der ausgestandene Schrecken nachbebte. „Wenn d' Küah scho mit de Kettn obunden gwen warn, hätts da Blitz daschlogn. So a Wunder! Sogar da Hof hätt obbrenna kenna, a groß Unglück war des gwen!". Meine Mutter zog mich an sich, wickelte mich in ihre weite Strickjacke und ich spürte, wie sie zitterte.

Nun standen die Kühe sicher an ihrem Platz, warfen die Köpfe hoch und begannen dann gemächlich, das im Barren liegende Gras zu fressen. Im Stall kehrte Ruhe ein. Rosa kam mit rotem Kopftuch und trockener Jacke aus der Milchkammer, hockte sich auf einen kleinen Schemel, preßte ihren Kopf an den Bauch einer Kuh und begann, in gleichmäßigem Rhythmus ihrer Hände, zu melken. Die Milch spritzte mit kräftigem Strahl in einen Metalleimer, was ein Geräusch machte, das ich aus Hunderten von Tönen unterscheiden konnte. In diese Ruhe, in der man im Dämmerlicht des Stalls nur gelegentliches zufriedenes Muhen einer Kuh und das Prasseln des Regens hörte, sagte jemand: „Do derfsts a große Kerzen stiften und a Wallfahrt zur Muatter Gottes nach Birkastoa unternehma!" Rosa leerte den vollen Milchkübel in ein trichterartiges Gefäß, den Sechta, über den sich ein Mulltuch spannte. Gluckernd lief die Milch in die große Zwanzigliterkanne.

Mein Vater, der auf seinen Gestellungsbefehl wartete und noch zuhause war, löste die Spannung. Beruhigend klangen seine Worte: „Wir sind mit dem Schrecken davon gekommen, danken wir Gott!" „Na, a Schnaps waar ma lieber!", sagte ein Mann, der ebenfalls vor dem Regeguß geflüchtet war und sich bei uns untergestellt hatte. Es war Kurtis Papa. Betty nahm uns mit in unsere gemütliche, warme Küche, wo das Holz im Herd knisterte und im großen Topf die Milch für den Kälbertrank zu simmern begann.

Altweibersommer

Am Gartenzaun strahlten die gelben Dahlien wie Sonnen im Licht des Herbstes. Dazwischen wucherten und blühten winterharte Astern. Ihre intensiven Farben vermischten sich mit dem Silbergrau verblühter, welkender

Gräser. Hier im Garten gab es viel, was ich unbedingt beobachten mußte: eifrige Hummeln, die mit ihrem dicken Pelzkleid so putzig aussahen, und Schmetterlinge, Engel der Pflanzen, wie ich sie taufte, die angelockt durch die reiche Blütenpracht der Stauden durchs Nektarparadies flatterten. Woher kam die Vielfalt der Insekten und Schmetterlinge so plötzlich? Der kleine Fuchs, der Admiral, das Pfauenauge, der Kohlweißling und die unterschiedlichsten

Zitronenfalter? Jetzt im Herbst flatterten sie von Blüten zu Blüten, zeigten mit kurzem offenen Flügelschlag ihre seltene Schönheit. Würden sie sich erst verpuppen, wenn die Tage noch kürzer, die Nächte kälter und morgens der Reif auf den Wiesen lag?

„Mei, so a schöner Altweibersommer", begeisterte sich auch Betty. Sie wischte sich den Schweiß von der Stirn. Mit Hilfe von Louis, unserem kriegsgefangenem Franzosen, und Rosa, der Magd, war sie damit beschäftigt, die Kartoffeln in den Keller zu bringen. Tagelang waren wir auf dem Feld gewesen, um die aufgeackerten Kartoffeln in Körbe zu sammeln. Obwohl Rosa nicht französisch konnte und Louis sich nur mit wenigen Worten „deutschbayrisch" verständigte, schienen sich die beiden besonders gut zu verstehen. Sie lachten und kicherten und wuchteten gemeinsam die schwere Last voller Säcke über die gewundene Treppe nach unten. Dabei achtete Louis jedesmal darauf, daß Rosa nicht zu schwer heben mußte. Manchmal dauerte es eine Weile, bis die beiden mit den leeren Säcken zurückkamen.

Ich fühlte mich fast schon erwachsen, weil ich bei vielen Arbeiten bereits mithelfen durfte und man mich brauchte. Die Zuckerrüben, die wir ebenfalls vom Acker mit nach Hause brachten, mußten noch von der Erde gesäubert werden, um sie anschließend in eine große wassergefüllte Wanne zu werfen. Betty und meine Mutter hatten beschlossen, den Versuch zu wagen, aus den Rüben süßen Sirup herzustellen. In der Waschküche, in der es tagelang nach

Rauch und glimmenden Fichtenzweigen roch, weil Betty alles einschürte, was greifbar war, verkochten langsam die geschnitzelten Rüben im Waschkessel zu einer grauen Masse. Der Kurti zog die Nase kraus, meinte: „Wia a Maussuppen schaugts in dem Kessel aus und stinga duat de Brüah. Des werd nix Guats!" „Gscheidhaferl", sagte Betty leicht genervt. Wiederum einige Tage später kochte die graue Brühe abgseiht in kleineren Töpfen auf dem Küchenherd. „De ganze Küch pappt", jammerte Betty. „Ich glaube aber, die Mühe hat sich gelohnt, schauen sie mal." Meine Mutter rührte in der klebrigen Masse, die sich auf geheimnisvolle Weise langsam in braunen Sirup verwandelte, dunklem Honig ähnelte und mit feinem Duft zum Verkosten lockte. „Mei, schmeckt der Zuckerrübensirup guat", rief der Kurti genießerisch und tauchte den Finger ein ums andere Mal in den zähen Saft.

An diesen milden Herbsttagen tobten viele Kinder aus der Nachbarschaft bei uns auf dem Hof herum. Räuber und Schandarm wollten wir spielen. Die größeren Buben tuschelten seit längerem über Mutproben, mit denen sie die kleineren Kinder, auch den Kurti und mich, auf die Probe stellen wollten. Grund genug für uns beide, schon Wochen vorher mit zusammengebissenen Zähnen barfuß über die harten Stoppeln unseres abgemähten Getreidefeldes zu laufen. Als meine Fußsohlen offene Risse bekamen und zu bluten begannen, kämpfte ich mit den Tränen. Die Tapferkeit vom Kurti, der ohne zu jammern zweimal über das Feld gelaufen war und keinen wehleidigen Mucks gemacht hatte, bewunderte ich grenzenlos.

Unser Führer wollte, daß die Buben zäh wie Leder, hart wie Kruppstahl und flink wie die Windhunde wurden. Auch ein Indianer zeigt keinen Schmerz, ebenso wie Old Shatterhand, der, als er am Marterpfahl festgebunden stand, keine Regung zeigte. Meine Schwester las die Karl May Bücher heimlich unter der Bettdecke und erzählte mir später den Inhalt.

Sicher wünschte sich der Führer auch, daß die Mädchen tapfer und mutig wurden! Wenige Tage später goß ich mir die halbe Flasche Jod aus der Stallapotheke über einen blutenden tiefen und längeren Riß am Fuß. Wir waren barfuß durch den weichen, warmen, frischen Kuhdreck gestiegen. Wunderbar fühlte es sich an, den Brei zwischen die Zehen zu batzen und bis zum Knöchel im grünbraunen Dreck zu waten. Genauso, wie es der Kurti machte, machte ich es auch. Wir lachten vor lauter Gaudi. Dann verletzte ich mich an einem Stück verrosteten Stacheldraht, den ich im Schlamm und Dreck nicht gesehen hatte. Mühsam humpelte ich mit Kurtis Unterstützung in den Stall. „I steh Schmiere, daß koana wos gspannt", bot er seine Hilfe an und betrachtete sachgemäß die blutende Wunde. Mitleidig stützte er mich, als ich den Fuß unter die Wasserleitung hielt, um den Kuhdreck abzuwaschen. Dann holte ich humpelnd das Fläschchen mit dem Jod aus der Nische mit der Figur des heiligen Leonhard, der mich, wie es mir schien, mißtrauisch ansah. „Mei Großvater war Arzt! Von eam woas i, daß ma a Wundn erst auswaschn, dann desinfiziern muaß!", erklärte ich mit gewissem Hochmut in der Stimme. Der Kurti hielt mich fest und ich kippte das Jod über die Wunde. Meine Zähne klapperten, der plötzliche entsetzliche Schmerz überfiel mich wie ein Schock. „Des, moan i, hot weh do? Und du woanst ned amoi?" Diesmal bewunderte der Kurti mich. Jetzt fühlte ich mich ebenso tapfer und stark, wie die Buben es waren. Nur leider war ich erst acht Jahre alt und noch viel zu klein, um ein Mitglied beim Bund Deutscher Mädel zu werden.

„Noch ist es keine Pflicht! Wenn du älter wärst, würde ich es dir ebensowenig wie deiner Schwester erlauben, dabei zu sein! Das kommt überhaupt nicht in Frage für euch beide", erklärte meine Mutter energisch, als sie von meinen Wünschen hörte.

Eine gewisse Kultur

Die Schule hatte wieder begonnen. Die heiteren Sommertage, an denen ich mit meiner Mutter und Schwester an den Tegernsee zum Baden geradelt war und in der Julisonne beim Heuen geholfen hatte, waren vergangen. Ich fand außer Reizgern keine Pilze mehr in den Wäldern, in denen ich nach warmen Regentagen herumgekrochen und mit reicher Ernte heimgekommen war. Am Kirchsee, wo wir über die blühenden Moorwiesen bis zum Wasser gelaufen waren und ich in der braunen warmen Brühe trotz Ringelnattern und Blindschleichen das Schwimmen gelernt hatte, blühten nur noch vereinzelt die langstengeligen Enziane. Das Wollkraut hing traurig über den Streuwiesen, kühle Nächte und Frühnebel kündigten den Herbst an.

Der Kurti und ich stürmten wie gewohnt mittags in die Küche. Hier war es gemütlich warm. Durchs Haus zog ein verführerischer Duft von Gewürzen, Zimt, Äpfeln und Zwetschgen. Meine Eltern hatten überraschend Besuch bekommen. „Bessere Herrschaften", wie Freund Kurti bemerkte. Betty werkelte mit hochroten Backen und angetan mit gestärkter, sauberer weißer Schürze in ihrem

Reich. Auf dem Herd schäumte, brodelte und zischte es in verschiedenen Töpfen und Pfannen. Auch Betty zischte und brodelte. Ihre Laune hatte einen Punkt erreicht, da ihr jeder freiwillig aus dem Weg ging.

„Soi i dir a trockens Hoiz bringa?" Kurti wartete die Antwort nicht ab und verschwand in den Zwischengang, der den Stall vom Haus trennte. Wenig später kam er mit einem Arm voll Holz zurück. "Mei, Kurtiburli, du bist doch mei Herzischatzi, kimm, kriagst a Guatl dafür!" Betty strahlte! „Wos gibt's 'n heit bei euch?", schleimte der Kurti. „Du bist doch die beste Herrschaftsköchin in da Gegend, wia mei Mama sogt!" Dieses Lob, mit einem kleinen Trinkgeld verbunden, nahm Betty auch gerne von den Gästen meiner Eltern an, und sie freute sich, wenn diese nach dem Essen zu ihr in die Küche kamen um sie zu begrüßen.

Betty eilte zum Herd, wo es aus einem Topf schäumend über die Herdplatte quoll. „Jetzt is obrennt, die Milli!", jammerte sie verzweifelt: „Da möcht ma wos Bsonders auftischen und ois fehlt, wos in Friedenszeiten gebn hot! Den ganzen Küchenzettl schmeißts ma heit wieda durcheinander". Betty rückte wütend die vielen Töpfe und Haferl, die zusätzlich auf dem Herd standen nach hinten an den Rand. „De evakuierten Weiber müassn wartn, bis i fertig kocht hob, na kennans von mir aus…" Sie brach ab, denn hinter ihrem Rücken klapperte die Küchentüre. Meine Großmutter kam herein. „Ärgern sie sich nicht, wir haben genügend Krieg an allen Fronten, dann sollte wenigstens hier, zusammen mit der Hausgemeinschaft und besonders bei Ihnen, Betty, in der Küche, Frieden herrschen!" Es klang streng, was meine Großmutter sagte. „Was bleibt uns anderes übrig, als sogar auf dem Herd die Töpfe weiter zusammenzurücken, damit alle Familien, die jetzt mit uns hier leben und besonders die Kinder ihre warme Mahlzeit bekommen. Und, Betty, Sie wissen ja auch, daß wir gegen vieles machtlos sind, wir nicht gefragt werden. Durch den Krieg herrschen andere Bedingungen, nach denen wir uns zu richten haben! Danken wir Gott, daß wir auf dem Land und in Bayern leben dürfen!" Sie fügte hinzu: „Die staatliche Wohnungskommission hat uns nun mal so viele ausgebombte, evakuierte Familien ins Haus gesetzt, obwohl dieses alte Bauernhaus nur für eine Familie gedacht war und im Grunde zu wenig Wohnraum hat, um alle diese Menschen würdig zu beherbergen. Sie wissen ja selbst, hier gibt es nicht genügend Waschgelegenheiten für alle und nur eine Toilette. Was nützt es? Das muß man hinnehmen!"

Großmutter hustete, was unnatürlich klang. Sie hatte den Kurti entdeckt, der halb versteckt hinter dem Backofen neugierig zuhörte. „Bist du auch schon wieder da?" Mit Blick auf Kurtis blonden Haarschopf sprach meine Großmutter weiter. „Es gibt amtliche Entscheidungen, die mir unverständlich sind und bei anderen Nachbarn nicht in diesem Ausmaß der Fall sind. Aber dazu möchte ich mich nicht weiter äußern." Sie blickte erneut zum Kurti, der sich so klein wie möglich machte. Meine Großmutter war eine der wenigen Personen, vor denen er Respekt hatte. Was ihn allerdings trotz aller Beteuerungen Betty gegenüber nicht hinderte, Gespräche, die er bei uns aufschnappte, brühwarm zu Hause zu erzählen. Meine Großmutter war mit dem, was sie sagte, sehr vorsichtig geworden, aber sie benützte manchmal, wie bei diesem Gespräch, mit Betty Kurtis naive Geschwätzigkeit, um an die richtige Adresse eine Spitze loszuwerden. Kurtis Papa nahm eine wichtige Position in der Partei ein.

Jetzt aber wandte sie sich einem anderen Thema zu und berichtete Betty die Neuigkeit. „Mein Sohn hat endlich einige Kanonenöfen aufgetrieben. So ist dieser tägliche Ärger um den besten Kochplatz hier auf dem Herd hoffentlich bald ausgestanden. Jede Familie kann dann in ihren Räumen selbst kochen! Allerdings kann man das alte Haus dann mit einem Räuchermännchen vergleichen; überall wird es herausqualmen, denn für diese diversen Öfen müssen wohl noch Löcher in die Außenwände geschlagen werden, damit jedes Rohr einen Abzug bekommt!" Großmutter krempelte die Ärmel

ihrer Bluse hoch. "So, Betty, jetzt helfe ich ihnen bei der Zubereitung der Mehlspeise. Man möchte doch die Gäste ein wenig verwöhnen, auch wenn dies fast nicht mehr möglich ist."

Doch vor dem süßen Hauptgericht kam die dicke Suppe auf den Tisch. Das war eine klebrige Kartoffelsuppe, in die Betty dunkles Mehl einrührte oder die sie mit weichgekochten Trockenerbsen streckte. "Wos woins denn, Frau Professor – meine Großmutter legte Wert auf diese Anrede -, de Suppn sättigt! Nacha werd hinterher nimma so vui gessn! Mir glangan d'Oar sowieso ned! Und der Zucker is aa knapp!" Heute herrschte dicke Luft in der Küche, Betty klagte über Kopfweh. An solchen Tagen wirkten

ihre sonst so blitzenden dunklen Augen böse. Auch konnte es geschehen, daß sie während der Küchenarbeit eine der dicken Haarnadeln aus ihrem schwarzen Haarschopf zog, sie in den Mund steckte und damit intensiv zwischen ihren glänzenden Goldzähnen bohrte. „Mir duat heit ois weh und d'Zähn aa", jammerte sie und grantelte meiner Großmutter nach, die gerade die Küche verließ. „D'Herrschaft soi ned so gschleckert sei! I koch oiwei no des, wos i moan!"

Betty nahm die Teller aus dem Schrank und stellte sie warm. Darauf legte mein Vater immer noch besonderen Wert. Der Tisch mußte ordentlich mit Servietten, dem alten Silberbesteck und mit einem Tischschmuck gedeckt sein, der zu dem blauen Burgenlandservice paßte. „Und du, Kind, könntest auf bessere Tischmanieren achten", ermahnte er mich. „Spreize die Ellbogen nicht so ab und nimm die Gabel richtig in die Hand!" Zum wiederholten Mal durfte ich mir anhören, wie man ihm als Kind Bücher unter die Arme geklemmt hatte, um das gesittete Essen mit Messer und Gabel zu üben. Mein Vater hatte das verinnerlicht und jetzt kam es zum Tragen, wenn er sagte: „Auch wenn wir sehr bescheiden essen, müssen wir nicht auf eine gewisse Kultur verzichten!"

Ein Waldspaziergang

Es schien, als seien die vom Regen aufgequollenen Wolken zu schwer geworden, um am grauen Himmel zu hängen. Sie senkten sich über die Welt und schütteten ihre Wassermassen auf die Erde. Die Mulden in den Wiesen wurden zu kleinen Teichen und die Lack, wie wir den Löschteich auf der Nordseite unseres Hauses

nannten, lief über. Die einzigen, die sich über die Nässe der offenen Himmelsschleusen freuten, waren unsere Enten und Gänse. Sie schnatterten, quakten und platschten herum und fühlten sich sichtlich wohl.

Mein Vater zog die Stiefel an, griff zum Lodenmantel, setzte seinen ältesten Hut auf und sagte zu mir: „Komm, wo ist die Hundeleine?" Raudi, unser Dackel, kläffte an der Türe: Die schönste Sache der Welt, bei Wind und Wetter ein Gassi mit uns zu unternehmen, konnte beginnen. Während wir in Richtung Wald stapften, lichtete sich die dichte Wolkendecke. Im Westen und Süden schob sich zwischen das Regengrau ein schmales türkisfarbenes Band. „Der

Föhn drückt über die Berge! Morgen scheint die Sonne." Mein Vater nahm meine Hand. „Du mußt Wetter, Wolken, Wind und Himmel beobachten, um aus der Natur zu lernen." Er wirkte sehr nachdenklich und blieb stehen. „Kind, Landwirte, Forstleute und Jäger müssen ihre Augen überall haben. Schau in die Kronen der Bäume, beobachte den Zustand der Blätter und Nadeln. Auch Farne und Jungpflanzen geben dir Auskunft über den Gesundheitszustand des Waldes." Ich hatte mich gebückt, um Moos zu betrachten, dessen Feingliedrigkeit mir besonders aufgefallen war. Zwei Rabenvögel krächzten laut. „Sie heißen Max und Moritz und begleiten uns, wenn ich mit dem Raudi unterwegs bin", erzählte ich. „Du glaubst, sie folgen dir? Nein, sie begleiten immer den Hund! Hast du noch nie beobachtet, was geschieht, wenn Raudi auf Mäusejagd ist? Dann sitzen die beiden in seiner Nähe auf dem Zaun oder in der Wiese und warten ab", antwortete mein Vater und fügte hinzu: „Wenn er eine gefangen hat, fliegt blitzschnell einer der Vögel zu Raudis Beute und greift sie sich."

Ich war glücklich, mit meinem Vater allein zu sein. Er hatte wenig Zeit und war auch oft krank. Deshalb berichtete ich aufgeregt von dem, was ich in den letzten Wochen beobachtet und erlebt hatte. „Erst riecht Raudi, wo eine Maus sitzt, dann gräbt er die Gänge der Mäuse auf, bläst und schnaubt Luft in den Boden. Ich weiß auch nicht genau, wie er das macht", sagte ich eifrig. „Und seine Pfoten sind nachher voll Erde, seine Nase ist verklebt und dreckig." „Aber unser Hund fängt auf diese Weise mehr Mäuse als Murli, dabei sagt

man, Katzen sind die besseren Mäusejäger! Hast du das noch nie beobachtet?" erwiderte mein Vater und fügte hinzu: „Du siehst viel, was um dich geschieht, aber Max und Moritz? Wie bist du denn auf diese Namen gekommen? Es müßte besser Max und Moritziane heißen, denn Krähen bleiben ihr langes Vogelleben zusammen und wechseln ihre Partner nicht."
„Das wußte ich nicht", sagte ich bewundernd.
Mein Vater erklärte mir vieles über die Zusammenhänge in der Natur. Ich konnte ihn alles fragen und immer erhielt ich eine Antwort. Im Moment jedoch beschäftigte mich die Mäusegeschichte unseres Hundes. Ich erzählte weiter, obwohl mein Vater die Situation selbst oft miterlebt hatte: „Raudi bringt die Mäuse auch ins Haus! Er will deshalb von allen bewundert und gelobt werden. Dann schleicht sich die Murli-Miezi an und

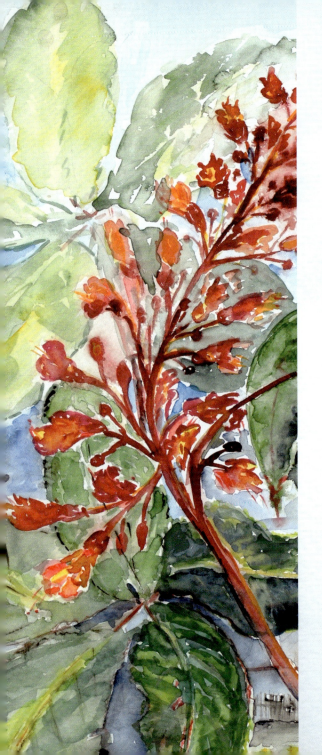

klaut sie dem Hund. Er wird sie immer los. Einmal hat er sie mir sogar ins Bett gelegt."

Ich kicherte vor Vergnügen, war aber gleich wieder still, denn im Wald mußte man still sein. Zu schnell war Wild aufgescheucht, warnte ein Eichelhäher mit krächzenden Tönen, daß Menschen unterwegs waren. Mein Vater sprach leise: „Raudi muß im Wald an der Leine laufen. Ich hoffe, du vergißt das nie. Hunde haben Jagdinstinkte in sich, schnell hören sie nicht mehr auf unseren Pfiff, stöbern Rehkitze auf, jagen und wildern" Über uns krächzten erneut die beiden Krähen! „Heute habt ihr kein Glück!", rief ihnen mein Vater zu, worauf sich diese in die Lüfte erhoben und einzeln durch die Zweige der hohen Tannen davonflatterten. „Sie verstehen was wir sagen!", sagte ich und stapfte weiter mit ihm durch eine kleine Fichtenschonung. „Sie haben alle ihre Sprache, du mußt nur lernen, darauf zu achten, um sie zu hören in der Stille und besonders im Wald." Ich verstand nicht genau, was mein Vater sagte, denn er war mit einem großem Schritt über einen vom Sturm umgerissenen Baum gestiegen. Nun stand er auf der anderen Seite und mühte sich, den Hund über den dicken Stamm zu heben. „Kurze Dackelbeine und kleine Kinderfüße, da muß ich euch beiden helfen. Ausgerechnet dieser Baum ist umgefallen! Man sagt zwar, der Wind ist ein Putzer, aber ein kurzer Sturm bringt mehr Schaden, als man denkt!" Inzwischen hatte es längst zu regnen aufgehört. Von den Bäumen lösten sich letzte Wassertropfen. Sie schimmerten im Glanz weniger Sonnenstrahlen, die sich durch die lichter werdende Wolkendecke schoben. In den Farben des Regenbogens leuchteten die nassen Perlen wie Märchenschmuck auf den Nadeln und Blättern. Sie machten aus den fein gesponnene Netzen der Spinnen, die zwischen Ästen und Zweigen ihre Fäden gezogen hatten, einen Schleier von Waldgeistern und Feen. Die Feuchtigkeit des lang ersehnten Regens komponierte einen Duft, der nach Farnkraut, jungen Fichtentrieben, Pilzen und Harz roch.

Mein Vater jedoch hatte mich nicht auf seinem Rundgang durch den Wald mitgenommen, um mich in ein Märchenland zu entführen. Ihm lagen andere Dinge am Herzen. Ich fühlte, daß er mir Wichtiges sagen und erklären wollte. So stiefelte ich trotz meiner nassen Schuhe, aus denen bereits das Wasser vorne und hinten heraus lief, weiter durch unwegsames Gelände und Fichtenschonungen. Er führte mich von Grenzstein zu Grenzstein. „Du mußt wissen, wo die Steine liegen. Nur so weißt du, wo unser Besitz endet und der des Nachbarn beginnt!" Es klang sehr eindringlich, was er mir auf unserem weiten Weg zu erklären versuchte und ich nahm mir vor, nichts zu vergessen. Vor dieser Verantwortung, die er mir zutraute, fühlte ich mich älter und ernst genommen. Unterwegs deutete mein Vater auf Grenzbäume, die nur im Einverständnis mit den Nachbarn gefällt und dann geteilt werden sollten. „Da kann es schnell zum Streit kommen, man muß aufpassen!" Je weiter wir auf unserem Weg gingen, umso nachdenklicher und bedrückter wirkte er. Dann sagte er: „Mein Kind, ich bin vielleicht nicht mehr lange zu Hause. Unter Umständen ist es das letzte Mal, daß ich dir dies alles erklären, sagen und zeigen kann. Wer weiß, ob wir nochmals Gelegenheit haben, zusammen durch den Wald zu gehen. Es ist Krieg, wie du weißt, auch ich muß fort!" Das Wort Krieg setzte sich wie eine dicke böse Kröte zwischen uns, baute Angst und Beklemmung in unser harmonisches Vertrautsein. Wir schwiegen. Später überquerten wir einen Wildwechsel, irgendwo klopfte ein Specht und zaghaft zwitscherten Meisen nach dem heftigen Regen dieses Tages. Wir zwängten uns durch einen Himbeerschlag, krochen durchs Dickicht. Endlich gelangten wir auf eine Wiese, auf der gefällte Bäume lagen. Weit entfernt leuchtete das dunkelrote Dach unseres Hauses. „Jetzt sind wir bald daheim", meinte ich müde nach diesem langen Weg. „Ich möchte hier noch ein wenig mit dir sitzen", bat mein Vater. Auch der Hund war erschöpft, legte sich hin und leckte seine Pfoten. Wir kletterten auf die hoch aufgestapelten Stämme. Ein weiter Ausblick über die Landschaft belohnte diese Mühe. Über uns krächzten Max und Moritz und der Föhnhimmel hatte über das Regengrau gesiegt. Am Horizont zeichnete sich dunkel und scharf geschnitten wie ein Scherenschnitt die Bergkette gegen den unnatürlich blauen Himmel ab. Olivgrün schimmerten die Wiesen im gelben Licht der schrägen Sonne. Ein warmer Wind streichelte über die Gräser und Blumen, die ich von meinem Sitz aus betrachtete. „Nirgends kann es schöner sein, als hier. Die Welt liegt einem paradiesisch zu Füßen." Mein Vater schaute mich an. Er seufzte. Und ich war glücklich neben ihm zu sitzen.

„Die Welt?", philosophierte er. „Ich habe dir vorhin auf unserem Weg deine Welt gezeigt, unsere Welt, um die wir uns kümmern müssen. Zwar besitzen wir nur einen winzigen Teil dieser Erde, im Verhältnis kaum meßbar. Manche mögen uns deshalb beneiden. Aber was ist Besitz? Grund und Boden kannst du nicht besitzen, du kannst ihn bewirtschaften. Du bist verantwortlich gegenüber der nächsten Generation, diesen kleinen Teil der Welt unbeschadet weiter zu geben." Wir schwiegen und schauten in die Schönheit der Landschaft. Dann stieg mein Vater über die Stämme, hob mich herunter, hielt mich für einen Moment im Arm, ehe er mich auf den Boden stellte. „Jetzt habe ich meiner kleinen Tochter vieles gesagt, erklärt und vielleicht auch aufgebürdet. Morgen ist ein neuer Tag." Ich faßte nach seiner Hand. Wir gingen in der Abenddämmerung, den Hund an der Leine, nach Hause.

Der Prinzen-
apfelbaum.

Es war Herbst geworden. Morgens zogen Schleierfetzen des nächtlichen Nebels über die Wiesen und der Tau glänzte auf den Gräsern. Manchmal roch es schon nach Schnee, denn auf den höheren Bergspitzen zeigten sich weiße Hauben, und wenn der Föhn über die Alpen kam, dann wurde der Himmel tiefblau und die Luft streichelte einem seidig die Backen. Unser Zwetschgenbaum bog sich unter der Last der süßen Früchte und wenn ich mir eine Zwetschge in den Mund steckte, sagte Betty: „Paß auf wega de Wepsn!" Auch die Äpfel hatten durch die Herbstsonne rote Backen bekommen.

„Morgn muaßt eher aufsteh", befahl der Kurti, der mein liebster Kamerad war und mich meis-

tens abholte, um zusammen mit mir in die Schule zu gehen. „Mir müaßn vor der Früahmeß in d'Schui obilaffa! De Prinzenäpfe sand reif, da Föhnwind blost und der schmeißt uns bestimmt a paar oba!" „Baum der Begierde" nannte Betty den Apfelbaum. Er stand direkt am Straßenrand im Obstgarten vom Hupfauerbauern und streckte einige Zweige über den Zaun. Den Prinzenapfelbaum kannten fast alle Leute. Die Kirchgänger blieben am Zaun stehen und betrachteten ihn ebenso liebevoll sachlich wie wir Schulkinder, die wir im Frühjahr bereits die Blüten zählten. Dieser knorrige Baum mußte schon sehr alt sein. Wenn ich auf dem Schulweg an ihm vorbeikam, spann ich den Faden einer Geschichte weiter, die ich mir ausgedacht hatte:

Einem Baum wurde von Gott die Gabe geschenkt, Menschen mit Äpfeln glücklich zu machen. Aber für die Menschen war ein Apfel nichts besonderes. Deshalb erkannten sie die Früchte des Baumes nicht als Gottesgeschenk. „Nur Äpfel", sagten sie, und warfen sie achtlos auf die Straße.

Meine Apfelbaum-Geschichte entstand in Fort-

setzungen, die ich meiner Puppe erzählte, denn der Kurti meinte, meine Geschichten seien ohne Indianer langweilig. Deshalb hatte er keine Lust, mir zuzuhören.

Der Prinzenapfelbaum war windschief und neigte sich im Winkel des Kirchendachs. Seine Rinde war altersgrau und stellenweise silbrig schimmernd. Doch trotz rauhen Wetters, kalten Wintern und heißen Sommern hatte er nicht an Kraft verloren. Auf ihm reiften märchenhafte Früchte, die wie eine biblische Versuchung dazu verlockten, sie zu pflücken.

Aber der Besitzer dieses Baumes wußte ebensogut wie alle

anderen, wie gut diese Äpfel schmeckten, und baute rund um den Obstgarten einen hohen, unüberwindlichen Zaun. „Wieso soll Betty dich wegen eines Apfelbaums morgen eine Stunde früher wecken? Du stehst doch sonst nicht freiwillig auf", erkundigte sich meine Großmutter, die gerne alles kontrollierte, aber von dem Prinzenapfelbaum noch nichts wußte.

Leider sind dann der Kurti und ich an diesem Tag doch zu spät gekommen. Am Zaun standen bereits einige Frauen. Die kleine Kirchenglocke, die unserer Gemeinde nach dem Abtransport der Glocken zum Einschmelzen für die Waffenproduktion noch geblieben war, läutete zur Frühmesse. Aber der Glockenton stieß auf taube Ohren. Niemand bewegte sich in Richtung Kirche, auch die sonst so frommen Betschwestern, alte Frauen, starrten weiter in die Richtung des Baumes und hofften wie wir Kinder auf das Wunder herabfallender Äpfel. „Zamm läutn duats. Kinder, marsch in d'Kirch!", versuchte uns ein altes Weib davon zu jagen, aber der Kurti hielt mich fest und entgegnete tapfer: „Naa, mir bleim steh!" Wir hörten zu, wie die zahnluckerte Alte auf die anderen Frauen einredete. „Für so was Guats brauchts Geduld, do muaß sogar der Herrgott in da Kirch auf mi wartn." „Mei", meinte eine andere, „des is wia beim Glücksspiel und wennst koa Glück host, host Pech ghabt!" „Desmoi, Kinda, ghört der Apfel mir, wenn oana oba foit!" Kaum sichtbar im grünen Blätterdach des Baumes versteckt und von der Straße aus nicht erreichbar, hingen die Äpfel dicht an dicht in den Ästen. Hin und wieder schüttelte eine leichte Windböe einige

dieser Kostbarkeiten vom Baum. Dann kam das Wunder, auf das wir alle warteten! Wenige Früchte kullerten mit Schwung durchs Gras und rollten an einer leicht abschüssigen Stelle durch einen schmalen Schlitz im Zaun auf die Straße. Daß uns der Herbstwind bei dieser Ernte half, darauf hatten wir gehofft.
Die Kirchenglocken läuteten zum zweiten Mal. „I geh!", wandte sich eine der Wartenden ab. „Oba betn konnst as aa ned! Aber i moan, des waar so a Apfel, den d'Eva an Adam obiglangt hot."

Einmal schenkte mir der Hupfauerbauer eine dieser köstlichen Früchte. Mir lief das Wasser im Mund zusammen und ich war froh, daß der Kurti diesmal nicht dabei war. Ich weiß nicht, ob ich dann den ganzen Apfel nach Hause gebracht hätte. So aber trug ich ihn, als sei er der kostbare dunkelrote Apfel, den das Jesuskind im Arm der Mutter Maria in unserer Kirche am Marienaltar so behutsam in seiner Hand hielt. Mein Apfel leuchtete cremefarben gestreift, rot geflammt, in meiner Hand. Ich schenkte ihn meiner Mutter und als sie den Prinzenapfel auseinander schnitt, das Kernhaus entfernte und mit mir teilte, war das Stück Apfel für mich eine feine Köstlichkeit. Weiß und weich war das Fruchtfleisch. Es schmeckte saftig, süßlich nach Pfirsichen. Meine Mutter meinte, es schmecke nach Champagner. Aber ich konnte mir nicht vorstellen, wie Champagner schmeckt, und wußte nicht, was das war.

München brennt

Auf dem Hof knirschten die Räder unseres Heuwagens, der jetzt für die Kartoffelernte gebraucht wurde. „Ausspannen! Stoizeit is", kommandierte Kurtis Papa, der die Pferde kutschierte und unregelmäßig bei uns arbeitete. Draußen auf dem Acker, weit hinten am Waldrand, klaubten die Frauen, die bei uns im Taglohn arbeiteten, die Kartoffeln aus den mit einer Gabel aufgestochenen Reihen. Auch Rosa, unsere Magd, war dabei. Ein leichter Wind umstreichelte diesen sonnigen Herbsttag, huschte durch die schon blattlosen Fliederbüsche im Garten und jagte einem den frischen Erdgeruch des Ackers in die Nase. Er färbte den Himmel tiefblau und die schrägstehende Sonne

malte die Welt gelb leuchtend. Fern schimmerte das Laub der Buchen orange im strahlenden Licht. Nur hin und wieder lag im Frieden dieses Altweibersommertages ein kalter Luftzug. „So a wunderschöner Dog, wenn bloß ned no wos kimmt!" „Ach Betty, man sollte nicht immer so schwarz sehen. Sie spüren den Wetterwechsel, es riecht nach Schnee!", entgegnete meine Mutter. Sie bestand darauf, daß ich wie alle anderen Mädchen auch meine warme Berchtesgadener Jacke anzog, schickte mich ins Haus und ging zu meiner Schwester, die seit Mittag im Zimmer am Tisch saß und lernen mußte. Auch sie hatte schon dieselbe Jacke an, wie sie damals alle Mädchen trugen: schwarz mit rot-grünem Rand am Ausschnitt.

Spät in der Nacht vermischte sich die Stimme meiner Mutter mit meinen Träumen. Sie holte meine Schwester und mich mit zwei Worten aus dem Schlaf und schüttete Schrecken und Angst über mein Bett. „Kinder wacht auf!", sagte sie eindringlich! Ihre Stimme klang, als habe man ihr soeben die Luft abgeschnürt und das Atmen verwehrt. „München brennt!"
Ich gähnte in die Nacht, die nicht wie gewöhnlich grau, schwarz oder sternenübersät war. Rot, gelb, petrolgrün, flackerte es über den Himmel. Und ein unheimliches Grollen und Dröhnen drang aus weiter Ferne an unsere Ohren. Es war kalt und meine Mutter weinte. „München brennt!" Sie wickelte uns in Decken und setzte uns auf eines der breiten Fensterbretter. Wir starrten alle in die rote Glut, die immer wieder angefacht, vermischt mit schwarzen Wolken bis zu uns über den Himmel loderte, dazu schwebten in großen Massen leuchtende Gebilde, die an bizarre Christbäume erinnerten, vom Himmel. Die feindlichen Bombern hatten sie abgeworfen, damit sie ihre Ziele besser sehen und treffen konnten.

Der gewaltige Feuerschein breitete sich rasend schnell immer weiter aus und dehnte sich über die Nachtschwärze des Firmaments. Das Szenario war furchtbar bedrückend, wir dachten an den Weltuntergang „Wenn nur nicht das unfaßbare Gefühl der Hilflosigkeit wäre," flüsterte meine Mutter. Sie lehnte sich an uns. Wir schlotterten vor Kälte und konnten trotzdem den Blick nicht von diesem Anblick am Nachthimmel wenden. Zu dritt schauten wir wie gebannt auf dieses Schauspiel. „Wir müssen keine Angst haben, daß hier etwas passiert, München ist zu weit weg. Trotzdem, Kinder, betet! Betet und vergeßt diesen Anblick nie wieder in eurem Leben! Möge Gott bewahren, daß so etwas Furchtbares jemals wieder geschieht und hoffen wir, daß der guten Oma nichts passiert ist." „Aber sie ist doch in den Luftschutzkeller gegangen", versuchte meine Schwester zu beruhigen. „Warum ist die Oma nicht bei uns?", fragte ich zaghaft und gähnte, denn wir saßen jetzt schon fast die ganze Nacht steif auf dem Fensterbrett. „Das weiß ich nicht so genau, jetzt ist es zu spät, um darüber nachzudenken. Jedenfalls hat sich eure Großmutter geweigert, ganz zu uns aufs Land zu ziehen. Sie wollte wohl ihre Freunde und sicher auch ihre Wohnung nicht verlassen. Trotz aller Warnungen und guter Ratschläge eures Vaters, hat sie auch ihre Möbel nicht zu uns ausgelagert, was sie jederzeit gekonnt hätte. Sie hatte sicher ihre Gründe."

Der Abreißkalender in der Küche zeigte am nächsten Morgen den 3. Oktober 1943. „Mein Gott, mein Gott", seufzte Betty, die ebenso wie alle anderen die Nacht über in die rote Glut am Himmel gestarrt hatte. „Mein Gott, nimmt das denn nie ein Ende", weinte und seufzte eine der einquartierten Frauen. Flüsternd saß auch sie mit am Küchentisch und erzählte von den Schreckensnächten des Bombenterrors, die sie in Hamburg erlebt hatte.

Die Schule fiel an diesem Tag aus. „Kinder, gehts ned naus", befahl Betty und kratzte Asche aus dem Küchenherd. „Draußn auf de Wiesen is a ois so grau, wia do im Herd, lauter Aschen. Des is des jüngste Gericht, das Strafgericht Gottes!", jammerte sie. „Nein, das waren hier die Amerikaner, in Norddeutschland bombardieren uns die Tommys, die Engländer!" wurde sie von Frau Reiberle berichtigt. „Keine Sorge, Frau Betty, man muß durchhalten, auch wenn es große Verluste gibt, unser Führer zeigt es noch allen, wenn die Wunderwaffe erst eingesetzt wird! Dann werden sich unsere Feinde ganz schön wundern. Dann geht's denen endgültig an den Kragen." Meine Mutter kam in die Küche. „Und immer noch fällt Aschenregen vom Himmel, ganze Teilchen weht der Wind bis hier her. Lassen wir um Himmelswillen

die Kühe im Stall, sonst vergiften sie sich noch an dem, was sie fressen." Meine Mutter setzte sich zu den anderen an den Küchentisch. Und immer wenn sie Sorgen hatte und nervös war, griff sie zu ihrem Handarbeitskorb, nahm eine Arbeit in die Hände, um sich zu beruhigen. Diesmal wühlte sie im Flickkorb wieder nach einem Socken. „Man sollte dieses Fragment wegwerfen", jammerte sie „aber leider gibt es sogar auf Spinnstoffmarken keine neuen Socken oder Strümpfe mehr zu kaufen und schon gar keine Wolle."

Die Stunden des Tages füllten sich mit der Sorge um die Oma. Bedrücktes Schweigen verbreitete sich im Haus. Unser Volksempfänger, das einzige Radio, brachte durch die kreischenden Störsender aus dem Ausland nur unverständliche Nachrichten. Es dämmerte, irgend jemand kam auf den Hof und berichtete, daß München ein einziger Schutthaufen sei und es immer noch brenne. „Der Dom, das Nationaltheater, die Residenz, die Universität, alles in einer Stunde kaputt? Unvorstellbar! Nicht zu begreifen, Jahrhunderte der Geschichte, bayerische Kultur, weg, zerstört unwiederbringlich kaputt!" „Diese schöne Stadt", kommentierte die holländische Cousine diese Nachricht. Durch Vermittlung meines Vaters konnte sie bei uns in der Landwirtschaft helfen anstatt in einer Munitionsfabrik arbeiten zu müssen. „So überkriege ich, bis ich zurück nach Holland gehen kann", sagte sie ironisch. „Bei euch ist die Welt noch irgendwie heil."

Spät abends ratterte, kaum zu erkennen, ein kleines Lastauto auf den Hof. Die Scheinwerfer dieses Vehikels waren, wie bei allen anderen Autos auch, durch Lederkappen verdunkelt, die nur aus schmalen Schlitzen einen dünnen Lichtschein auf die Straße warfen.

Eine kleine schwarze Gestalt kletterte von der Ladefläche. Ein angebranntes Möbelstück, mehrere Stoffbündel, eine vollgestopfte Waschwanne wurden abgeladen. Irgend jemand schaufelte Holzstücke in ein Rohr, das seitlich am Auto angebracht war. „Scheiß Hoizvergaser", schimpfte eine Männerstimme in der Dunkelheit, schließlich knatterte das Gefährt davon.

„Jesus, Maria und Josef, des is ja die Frau Professor!" „Gott sei Dank, du lebst!" Stimmen klangen durcheinander, die Hofgemeinschaft versammelte sich, starrte diese kleine Person an, die meine Mutter liebevoll in den Arm nahm. Schwarz im Gesicht, verklebt die Haare, verdreckt ihr Kleid und ohne schützenden Mantel, meine Großmutter war kaum mehr wiederzuerkennen. Es wirkte, als sei sie in dieser einen Nacht eine uralte Frau und auch sehr viel kleiner geworden. Man sah ihr die Anstrengung, Aufregung und die ausgestandene Angst an. „Du mußt mich aufnehmen wie ich bin" sagte sie zitternd, „das Haus in München brannte langsam herunter, man hätte noch alles retten können. Aber es war niemand da, der mir geholfen hätte! Das ist alles, was ich noch besitze". Sie deutete auf die wenigen Sachen, die um sie herumstanden und ging mit einer Grandezza ins Haus, als habe man ihr soeben ein Schloß geschenkt.

Es wird eng

Die Großmutter zog in ihr angestammtes lila Zimmer, nachdem man sie endlich überzeugt hatte, daß eine Rückkehr nach München in ihre ausgebrannte Wohnung unmöglich war.

„Wie und wo sollen wir außer den bereits eingewiesenen Familien, dem Pflichtjahr-Mädchen Hilde, der Köchin Betty, der zahlenden Tante und der holländischen Cousine noch die Gäste unterbringen, die monatelang bei uns Unterschlupf suchen?" Die sorgenvollen Seufzer meiner Mutter fanden weder Gehör bei der Wohnungskommission noch beim Bürgermeister. Bei uns wohnten bereits so viele Menschen, daß sich regelmäßig lange Schlangen vor dem einzigen stillen Örtchen bildeten. Betty meinte: „Nacha müaß ma uns no a paar Botschamperl zualegn." Das kleine Badezimmer mit der überdimensionalen, grün gemauerten Badewanne, die man nicht benutzen konnte, weil man die Menge heißen Wassers, das nötig war um sie zu füllen aus der Küche hätte nach oben tragen müssen, war verschlossen. „Irgendwo müssen wir auch noch einen privaten Bereich haben, und wenn es das Badezimmer ist", rechtfertigte sich meine Mutter. Dieses Bad lag neben dem Schlafzimmer meiner Eltern. Meine Mutter verteidigte es wie ein Kettenhund seine Hütte. Zu alledem meinte Betty trocken: „Mei, gnä Frau sie sand eben ned Mitglied in der NS-Frauenschaft. Wenn sie's warn, hätten sie's leichter. Woanders sand die Häuser a ned so überbelegt." Meine Mutter gab wie gewöhnlich keine Antwort und ging aus der Küche. Auch meine Großmutter war angesichts der vielen Probleme überfordert. Sie zog sich in ihr Zimmer zurück und schrieb lange Briefe an Freunde und Verwandte. Darin berichtete sie über die bei uns herrschenden Zustände, die darin gipfelten, daß man Zeuge werden konnte, wie jemand im Stall versteckt hinter einer Kuh seine Notdurft verrichtete, um, wie mein Vater trocken bemerkte, manchmal selbst angeschissen zu werden. Da war mir Besseres eingefallen. „Welches Schwein scheißt da hinters Gartenhaus?", empörte sich mein Vater, als er die mit Fliegen übersähten Haufen entdeckte. Er war so wütend, daß ich es nicht wagte, ihm zu beichten, daß ich es war, die sich dort eine eigene Toilette eingerichtet hatte.

Nachts träumte ich von unserem Bauernhaus, das umgeben von Fichtenwäldern und Wiesen weithin sichtbar allein in der Landschaft lag. Es wirkte behäbig und herrschaftlich, obwohl man ihm die morbide Vergänglichkeit eines alten Hauses ansah. Von den Benediktinern des Klosters Tegernsee als Lehenshof erbaut, hatte es Jahrhunderte überdauert. „Es müßte viel repariert und erneuert werden", erklärte mein Vater. „Aber das machen wir, wenn der Krieg vorbei ist und die Zeiten sich gebessert haben." In meinen Träumen verwandelte sich mein Zuhause in ein Wesen, das sich dehnte und weitete, je mehr Kinder und Erwachsene bei uns Zuflucht suchten und einquartiert wurden. Die dicken Außenmauern hielten sicher schon über hunderte von Jahren den Stürmen der

Geschichte stand und auch das Gewölbe im Keller zeugte von alter Bauweise. Der Einfirsthof mit seinem breiten, langen Dach, den grünen, schief in den Angeln hängenden Fensterläden, den beiden Balkonen und der zweiflügeligen, geschnitzten Haustüre, war mein Märchenschloß. Ich träumte, eine Hexe habe es in eine aufgeplusterte braune Rodeländer Henne verzaubert. Diese schob nicht nur ihre Küken, sondern alle, die Schutz und Wärme brauchten, unter ihre Flügel.

Unser Hausdach bot allerdings anders als die wärmenden Flügel der Henne keinen Schutz gegen Stürme und Kälte. Dachplatten waren zerbrochen

und konnten aus Materialmangel nicht ausgetauscht werden. An einigen Sparren und Balken nagte der Hausbock und bohrte der Holzwurm. Regen und Schneewasser tropften in die auf dem Speicherboden notdürftig verteilten Eimer und Waschwannen. „Wos wuist macha", seufzte Betty, wenn sie bei Regenwetter, mich im Schlepptau, nach oben stapfte, um volle Gefäße hinunterzuschleppen und sie dann in die Badewanne auszuleeren. Bei Wassermangel, was sehr oft vorkam, war diese Wasserreserve unsere letzte Rettung und ersetzte die Toilettenspülung. „Geht die Spülung nicht im Klo, hol dir 's Wasser anderswo. Schöpf die Badewanne leer, stinkts nicht im Klo, das freut uns sehr!", verewigte sich jemand im Gästebuch. „Wie gut, daß wir das Regenwasser vom Speicher haben, es läuft schon wieder kein Wasser, so kann ich die Wäsche wenigstens noch einweichen, denn morgen kommt die Waschfrau", klagte meine Mutter und Betty antwortete mit einem Spruch: „Es is doch nia a Schaden, wo ned aa a Nutzen dabei is. Laafts Wasser ned aus der Leitung, laafts wenigsten durchs Dach! Wos wui ma do macha. Es is a Kreuz! Zimmererleit sand alle im Kriag. Statt, daß wos gricht werd, werd überall no mehra kaputt gmacht. Verkehrt is de Welt." Am nächsten Tag lief das Wasser nur stundenweise und es regnete in Strömen! Das Vieh, das tagsüber und während der Nacht vor Durst gebrüllt hatte, konnte ausgiebig getränkt werden. Das Regenwasser lief in die leere Zisterne, rauschte durch die verrostete Dachrinne und gluckerte tief unten in den Brunnen. „Vergeßt nicht allen zu sagen, daß sie das Trinkwasser abkochen müssen", sorgte sich meine Mutter. Denn die Zisterne war so angelegt worden, daß das Regenwasser ersatzweise durch die Leitungen lief, wenn die Wasserversorgung mal wieder zusammengebrochen war.

Betty brauchte dringend schon wieder trockenes Holz zum Anheizen. Ich mußte Vorrat horten und versteckte es im Hasenstall, zum Teil auch unter meinem Bett. Denn auch die Frauen im Haus, die auf eigenen kleinen Öfen in den Zimmern und Kammern kochten, sammelten alles, was trocken war. Trockenes Holz war zur kostbaren Rarität geworden. Mein Vater versuchte vergeblich, das Problem zu lösen. Er tauschte mit den Nachbarn frisch geschlagenes Holz gegen trockenes ein. Auf unerklärliche Weise verschwand dieses meist noch in derselben Nacht. Betty, die soviel anderes tun mußte, kam oft erst am nächsten Morgen dazu, Holz in die Küche zu tragen. Dann aber stand sie, wenn sie Pech hatte, nur noch vor den kümmerlichen Resten der Holzscheite. „So kann das nicht weiter gehen! Kein Zusammenhalt! Jeder sucht nach seinem Vorteil. Jeder denkt nur an sich, Zustände sind das hier!", besprach sich meine Großmutter mit Betty. „Trotzdem darf man nicht Gleiches mit Gleichem vergelten. Auch in Notzeiten! Versuchen wir, weiter in Frieden und liebevoll miteinander zu leben", versuchte meine Mutter auszugleichen. „Enge macht aggressiv, das dürfen wir nicht vergessen." Als aber mein kleines Lodenmäntelchen von der Garderobe im Gang verschwunden war, befahl meine Mutter, von jetzt ab die Haus- und Zimmertüren sowie die Speisekammer abzusperren. Bis dahin hatte man alles unversperrt und offen lassen können.

Was ist Frieden?

Meine Großmutter schrieb in ihren Aufzeichnungen Ende November 1943:

Es müssen noch Strohzöpfe gegen die Kälte zum Abdichten der Stallfenster gedreht und geflochten werden. Auch der Heusack, der vor Frost schützt, wird noch vor die Terras-

sen-Türe gepackt. Ich suche wie so oft meinen Schlüsselbund, und bedauere, daß das Backblech für die Wolfzähne (ein feines Gebäck) mit ausgebombt wurde. Aber die Hühner legen sowieso wenig Eier. Die Weihnachtsplätzchen werden wir wohl nach Kriegsrezepten, wie ich sie im Kochbuch vermerkt habe, backen müssen. Kein Frieden in Sicht. Wir heizen im lila Zimmer, aber es wird nicht warm. Trockenes Holz – eine Rarität, die wir bereits im Schlafzimmer der Kinder verstecken müssen. Eisiger Ostwind zieht durch die Ritzen der Fenster und das Kind bräuchte dringend ein paar neue Schuhe.

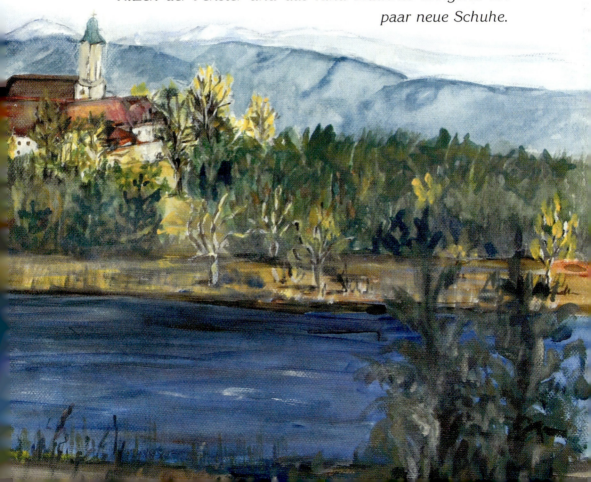

*Ich habe ihr dicke Socken gestrickt. – Handgesponnene Schafwolle!!
(Getauscht von M. D. gegen einige Kerzen, die ich noch hatte.)*

Über Nacht war es bitter kalt geworden, an den Fenstern bildeten sich bizarre Eisblumen, in die ich ein Loch hauchen mußte, um die Welt draußen zu sehen. Aber hatten es Gerda und Kay in der Geschichte von der Schneekönigin nicht ebenso gemacht? Es schneite schon seit Tagen. Wir waren mit dem Pferdeschlitten unterwegs gewesen und hatten Tannenzweige aus dem Wald mitgenommen. Die gewachsten Papierblumen, die meine Mutter Jahr für Jahr wieder aus der Weihnachtsschachtel zum Vorschein holte, leuchteten bunt zwischen dem Tannengrün in der bauchigen Vase. Die erste rote Kerze flackerte auf dem Adventskranz. Meine Mutter packte Feldpostpäckchen und schrieb lange Briefe an meine Großeltern nach Mecklenburg, die dort in einer kleinen Stadt lebten. Zu meiner Verwunderung war auch das Christkind

schon dagewesen und hatte meinen Wunschzettel abgeholt. Darauf hatte ich „Puckis erstes Schuljahr" von Magda Trott geschrieben. Dieses Buch wünschte ich mir sehnlichst. In der Abenddämmerung, bevor wir wie angeordnet die Fenster verdunkelten, setzte ich mich zu meiner Großmutter. „Lies mir eine Geschichte vor", bettelte ich. Dann reiste ich mit ihr in die Wunderwelt der Märchen, begegnete Prinzen, Prinzessinnen und sprechenden Tieren, und stellte mir vor, ein Findelkind zu sein, das von niemandem geliebt wird.

„Das Kind ist so blaß", besprach sich meine Mutter eines Tages mit unserem Hausarzt. Also schob man mir täglich einen Löffel Lebertran zwischen die Zähne. Das fischige, blaßgelbe Öl schmeckte so schrecklich, daß ich mich weigerte, freiwillig den Mund aufzumachen.

Bald war Weihnachten. Ich feierte meinen achten Geburtstag und die Post brachte mir an diesem Tag ein Feldpostpäckchen, abgeschickt in Poltawa, Ukraine. Es kam von meinem Vater. Eine kleine Pfanne für den Puppenherd und einen ebenso kleinen Spielwecker! „Damit du endlich die Uhr lesen lernst", schrieb mein Vater als P.S. zu den Glückwünschen und ergänzte: „Hier können das die Kinder in deinem Alter schon längst."

Eine russische Uhr! Drehte man die Zeiger nach unten oder oben, war es sechs oder zwölf Uhr, wie auf den Uhren, die ich kannte.

Merkwürdig, gab es denn auch Kinder im Krieg, soweit entfernt in der Ukraine, in Rußland? Bis jetzt hatte ich mir unter Krieg immer nur Männer in Uniformen, Panzer, Gewehre und zerstörte Landschaften vorgestellt genauso, wie ich es auf den Bildern in der Zeitung gesehen hatte. Aber was hatten Kinder, die mit Puppen spielten und für diese auf kleinen Herden Kuchen backen und kochen wollten, mit diesem Ungeheuer Krieg zu tun?

Ein böser Drachen, der Feuer vom Himmel spie, alles kaputt machte und tötete, wohin er auch kam. Bedrohlich wie eine Krake saß er auch auf der großen Europalandkarte, die wir in der Schule täglich betrachteten. Der Herr Oberlehrer versammelte uns, die Kleinen, mit der Gemeinschaft der höheren Klassen, die ebenso wie wir in der Einteilung von vier Klassen in einem Raum unterrichtet wurden. Dann erklärte er uns die Lage der Nation und den Kriegsverlauf. „Wia a Haufen Ameisen schaugt de Landkartn aus", flüsterte ich dem Kurti zu. Die vielen bunten Stecknadeln mit dem Glaskopf steckten weit über Europas Grenzen hinaus in der Landkarte und bildeten ein buntes Muster. „Unsere tapferen Soldaten!", sagte der alte Lehrer. Sein Zeigestock bewegte sich von Norwegen übers Mittelmeer nach Nordafrika, rumpelte rücksichtslos durch die Reihen der dazwischen steckenden Nadeln mit den schwarzen Glasköpfen. Das waren die Bösen, unsere Feinde, die, je länger sich das Schuljahr hinzog, mehr und mehr wurden und sich besonders an der russischen Front den deutschen Grenzen näherten. „Der Feind wird nie ins Land kommen. Unsere Grenzen sind stabil, dafür sorgt der Führer", erklärte mit fester Stimme der Herr Lehrer. „Kinder, ihr versteht das noch nicht, aber das ist Taktik. Man wird unsere Feinde soweit herankommen lassen, damit wir sie dann mit der Wunderwaffe schlagen und endgültig vernichten werden." „Glaabst du des?", flüsterte ich dem Kurti zu. „Mei Papa sogt des aa und der woaß des gwiß, weil er an Hitler scho moi echt redn ghört hot", flüsterte der Kurti zurück. Andächtig hörten wir dem Lehrer zu, wie er erklärte: „Kinder, dann herrscht endgültig Frieden." Er schob seine schwarze Armbinde zurecht. Auch sein Sohn war auf dem Feld der Ehre gefallen.

Am Sonntag nach dem Gottesdienst gab er mir mein Poesie Album zurück.

„Der kleinen Christl
Drum still! Und wie es frieren mag,
o Herz gib dich zufrieden!
Es ist ein großer Maientag
der ganzen Welt beschieden.

Und wenn dir auch oft bangt und graut,
als sei die Höll auf Erden,
nur unverzagt auf Gott vertraut –
es muß doch Frühling werden."

Zum Gedenken an deinen Lehrer

„*Wos glaabst du,* wos Frieden is?", fragte ich Wochen später den Kurti. Aber mein Freund meinte nur trocken: „Mei Mama sogt, dann konnst Schuach, Bananen und Orangen kaffn, sovui wiast mogst! Aber wos sand Bananen? I woaß ned, wos des is!" „Schuhe?", sagte ich ehrfurchtsvoll und fügte hinzu: „Meine passen mir nicht mehr und die von meiner Schwester sind kaputt, da läuft das Wasser hinten rein und vorne wieder raus. Und ich soll die noch auftragen!" Ich sprach hochdeutsch, das klang bedeutender! Meine Mutter, die aus Mecklenburg stammte, kritisierte mich des öfteren. „Nun rede doch nicht so bayerisch, Kind. Du lernst ja nie richtig lesen und schreiben. Man sollte wirklich in der Schule darauf achten." „Wos redstn du so gschwoin daher?", erkundigte sich der Kurti und sinnierte: „Frieden, dann ham mir den Ruß verjagt und mei Papa kriagt an bessern Postn bei da Partei und aa no an Bauernhof! Der werd de Leit weggnomma, de an Hitler ned meng! Nach Dachau kemmans, a Schwarze Listen gibts scho, hot mei Papa gsogt, do schreibt er 's nei!"

Schlittenfahrt

Der Winter kam früh in diesem Jahr. Es war bitter kalt, ein scharfer Ostwind fegte über die verschneite Landschaft. Er fauchte mit kräftigen Böen durch die kahlen Bäume und baute riesige Schneewehen über die Straße. Die Klasse der Kleinen, zu der Kurti und ich gehörten, sollte sich still beschäftigen. Währenddessen unterrichtete das Fräulein Lehrerin die vierte Klasse in Heimatkunde.
„Vielleicht kennan mir danach mitfahrn und müaßn ned hoam-

geh", flüsterte mir der Kurti zu. Gespannt schauten wir Kinder aus dem Fenster. Wir beobachteten die Männer und Frauen, die sich im gegenüberliegenden Friedhof zu einer Beerdigung sammelten. „Des werd heit a große Leich, de ganz Verwandtschaft is kemma", stellte der Kurti sachlich fest. Ich reckte meinen Hals und zählte die Kränze. Auch von uns war einer dabei, den Betty aus „Daxen", frisch geschnittenen Tannenzweigen, gebunden und mit bunten Wachsblumen garniert hatte. Einige Böllerschüsse krachten

und aus einer Trompete klangen dünne, eingefrorene Töne. „Ich hatt' einen Kameraden, des Liad spuins oiwei, wenn a Mannsbuid eigrobn werd", stellte der Kurti fest. Dann zerstreuten sich die Menschen. Die Trauergemeinde marschierte, angeführt von den schwachen, aber jetzt fröhlicheren Klängen der Trompete und zweier Posaunen, die von alten krummbeinigen Musikanten geblasen wurden, Richtung Wirtshaus. Der Kurti und ich bekamen eine Kopfnuß, weil wir nicht rechtzeitig bemerkt hatten, daß das Fräulein sich wieder unserer Klasse zugewandt und eines der Kinder nach vorne an die Tafel beordert hatte. Respektlos flüsterte der Kurti: „I hob mir denkt, sie redt no mit der viertn Klass und sicht uns ned!" Das Lehrer-Fräulein schien aber auch am Hinterkopf Augen zu haben, denn sie sah fast alles, was die vier Volksschulklassen, die in diesem einen Raum unterrichtet wurden, nebenbei trieben.

Nur einmal bemerkte sie nichts! Da steckte der Kurti die Zöpfe von der Kathi, die vor ihm in der Bank saß, in sein Tintenfaß. Es war in einer Vertiefung in die Schulbank eingelassen und konnte mit einem Schieber verschlossen werden. Es gab ein großes Geschrei, die Kathi heulte und drohte: „Des sog i meim Papa, wenn er vom Kriag hoamkimmt, der haut di nacha!" „War doch bloß a Gaudi", entschuldigte sich der Kurti und kniete eine Stunde auf dem kantigen Holzscheitel, das zum Strafvollzug regelmäßig zum Einsatz kam. Zur Bestrafung durch Kathis Vater kam es nicht mehr, denn schon tags drauf hatte sie ein schwarzes Kleid an; ihr Vater war gefallen.

Die Turmuhr schlug zwölf, wir trampelten aus dem Schulgebäude und stapften durch den Schnee. Vor dem einzigen Gasthof im Dorf duckten sich einige Bauern gegen den Wind: alte Männer, die Hüte tief ins Gesicht gezogen, die Ohren mit schwarzen Klappen gegen den Frost geschützt und an einem der Ärmel ihrer Lodenjoppe eine schwarze Armbinde als Zeichen der Trauer. Die Frauen im langen dunklen Kirchengwand, das sie sonntags oder an Trauertagen trugen, standen dicht wie die Hühner zusammen. Ihre Hände hielten sie verborgen unter dem

Fuchspelz, der sie zusammen mit dem schwarzen Fransentuch gegen die Kälte am Hals und den Schultern schützte. Und unter dem kleinen schwarzen Tellerhut, der zur Tracht gehörte und wie ein Deckel über der zum Knoten gesteckten Haarpracht saß, schützte ein Kopftuch Ohren und Backen gegen die winterlichen Temperaturen.

Bei uns zu Hause ging man städtisch, wie es Betty ausdrückte und dabei ihre und die modische Kleidung meiner Mutter und Großmutter meinte. Der Pelzmantel meiner Mutter war aus den Fellen von „Blauen Wienern" angefertigt. So hieß eine Kaninchenrasse, die meine Mutter der Felle wegen gehalten hatte. Er wärmte sicher besser, als die Fuchspelze und die dicken roten Flanell-Unterröcke der Bäuerinnen. Ich betrachtete meine dunkelblaue Trainingshose, die ich unter meinem Flanell-Dirndlkleid anhatte und an der sich Schneeklumpen außen und in den Hosenbeinen zusammenschoben. Wir Mädchen durften die Hosen nicht wie Buben tragen, sondern mußten Röcke darüber anziehen.

„Ogspannt hamms scho, de Bauern", bemerkte der Kurti und rieb sich die Hände gegen die Kälte mit Schnee ein. Er fror. Ungeduldig scharrten die Pferde mit ihren Hufen auf dem vereisten Boden. Nach und nach kamen Leute aus dem Wirtshaus, rempelten die vereinzelt neugierig herumstehenden evakuierten Frauen, die so gerne dazugehören wollten, zur Seite und kümmerten sich um ihre Pferde. „Uns nimmt bestimmt a oana mit", hoffte der Kurti und

beobachtete, wie andere Kinder bereits in einem der Schlitten saßen und auf die Abfahrt warteten. „Derfn mir bitte mitfahrn?" bettelten wir mehrfach, schüchtern und erfolglos. „Weg do, Kinder!", schrie jemand. Eine Peitsche knallte! Man jagte uns zur Seite! Wir sahen zu, wie sich einer der Bauern auf seinen Kutschbock mühte, wie er seine Bäuerin, ebenso alt und steif wie er, in den Schlitten hob und sie in ein schmutziges Schafsfell hüllte. Schon setzten sich Pferd und Schlitten in Bewegung. Das alte Ross wieherte laut und verfiel in leichten Trab. Ein Wunder, daß es überhaupt noch so schnell laufen konnte. Aber die jüngeren, leistungsfähigen Pferde waren für den Krieg requiriert worden und so waren die Bauern auf die alten oder kranken Pferde angewiesen.

„Kimm, jetzt fahrn mir erst recht mit", grinste mich der Kurti an und zeigte auf einige der größeren Buben. Diese klammerten sich rückseitig an die abfahrenden Schlitten und rutschten auf halsbrecherische Weise mit dem Gefährt mit.
„Spring auf!", schrie mir der Kurti zu. Er riß mich mit, wir sprangen auf die Enden der schmalen Schlittenkufen und hielten uns krampfhaft fest. Die Rückwand des Schlittens schirmte uns ab. Deshalb bemerkte der Kutscher nichts von diesem waghalsigen Unternehmen. Er knallte mit der Peitsche und trieb sein Pferd zur schärferen Gangart an. „Guat is ganga", keuchte der Kurti fröhlich, als wir uns nach einer ganzen Weile nicht mehr halten konnten und von dem schmalen Holzsteg der Schlittenkufen seitlich in die Schneeberge geschleudert wurden.

„Seid ihr denn verrückt geworden", schimpften meine Mutter und Großmutter, nachdem sie von unserem Abenteuer erfahren hatten. „Denkst du denn überhaupt nicht nach, was hätte passieren können? Was ist, wenn deine Beine unter die Kufen gezogen worden wären? Mußt du denn alles nachmachen, was dir dieser Kurti und die anderen Buben vormachen! Das sind doch keine Mutproben mehr, von denen dauernd geredet wird! Das ist sträflicher Leichtsinn."

Betty, schüttelte nur den Kopf, sagte: „Mei, da fehlt hoit da Vater, wenn alle im Kriag sand, na braucht ma sie ned wundern! De Herrn Ökonomen, de no do sand, sand scho so oid, daß no an erstn Weltkriag mitgmacht ham. Kanntn de Kinda ja aa aufsitzn lassn! Des waar bei dem Weda a guate Tat! Gibt eh z'weni davo, wenns mehra warn, dats anders ausschaugn auf da Welt!" Und dann kam von Betty wieder deren Lieblingssatz: „Um ois konn sie unser Führer a ned kümmern!" Diesmal fügte sie hinzu: „Schaugts des Schuahwerk von dem Kind oh! Is z'kloa und waschlnoß!"

Betty nahm meine steifgefrorenen Finger zwischen ihre warmen, rauhen Hände, rieb und rubbelte mir die Kälte aus den Gliedern, nachdem sie zuerst meine beiden Hände eine Weile unter fließendes kaltes Wasser gehalten hatte. Inzwischen jammerte und weinte ich über die Schmerzen in meinen Zehen. Meine Mutter hatte mir die nassen Stiefel und Strümpfe ausgezogen. In der Wärme begannen sich meine blaugefrorenen Zehen rot zu färben und die Frostbeulen fingen an, höllisch zu jucken und zu brennen. Bis meine Mutter die schmerzstillende Salbe geholt hatte, jagte mich Betty barfuß nach draußen. „Hör auf zum Woana, der Schnee huift, wos dean die armen Soldaten in Rußland, wenns eahna d'Zechan wegfriert?", tönte sie herzlos, ließ mich im Schnee stehen und eilte zurück in die Küche. Dort schüttete sie Salz in eine kleine Wanne, löste es in heißem Wasser auf und streute eine Handvoll Heublumen darüber. Das oder ein Aufguß aus Eichenrinde war ihr Rezept gegen die schmerzenden Frostbeulen.
Dann trieb sie mich zurück in die Wärme. Ein Schock löste den anderen ab! Resolut wurde ich von Betty auf einen Schemel gesetzt und schon tauchten meine kältesteifen Füße ins heilende heiße Fußbad. „Glei tuats nimma so weh!" beruhigte sie mich und meinte, „morgen leg i dir a Zeitungspapier in d'Schuah, des hoit deine Zechan warm!" „Aber, dann paßns mir nimma und kaputt sands a scho!", weinte ich. „Mei, des is des Los von de kloana Gschwister, müäßn 's Sach von de Großn auftrogn wia du des von deiner Schwester!"

Das kleine Glück

Es war Samstagnachmittag und ich saß, wie so oft, bei Betty in der Küche. "Besser is des kloane Glück, als gar koans", wiederholte Betty immer wieder, als hätte sie diesen Satz auswendig gelernt, und fügte hinzu: "Und a Glück waars, wenn heut der Hefezopf überhaupt aufgeht und wos werd. I woaß aa ned, an wos des heut liegt, der Doag is so fest!" Unsere Köchin steckte einige Zahnstocher in den Teig, den sie zu einem kunstvollen Doppelzopf geflochten und anschließend auf ein gefettetes Backblech balanciert hatte. Energisch schob sie ihr Werk ins Backrohr, warf einen Scheit Holz ins Ofenloch und sagte: "In Gotts Nama!"

Ich hatte ihr beim Mehl abwiegen geholfen, wobei Betty die Tüten noch extra ausklopfte. "Ja nix verkemma lassen, in dera notigen Zeit! Merk dir's, Dirndl. De kloane Tüten Mehl konnst a no in d'Schüssel nei doa! Des Mehl is von Kurtis Mama. Sie hot von uns a Tass voi z'leicha gnomma. Schaug wia anständig, jetzt hots der Papa vom Kurti wieda zruckbrocht!" Dieser war kurz vorher in die Küche gekommen, hatte die Tüte abgestellt und war, etwas Unverständliches murmelnd, wieder gegangen. Manchmal kam er ins Haus und erledigte kleine Reparaturarbeiten.

„A Hefedoag muaß dreimoi geh, sonst werd er nix! Merk dirs, daß d' wos lernst! D'Liab geht durch den Magen. Des muaßt wissen, wennst amoi heiratst!" Betty öffnete das Ofentürchen und legte erneut ein Holzscheit in die Glut. Dabei jammerte sie weiter über den Hefeteig, der so fest geworden war. „I woaß ned, i woaß ned, so wos is mir no nia passiert! Der Doag is hart wia a Stoa, dabei hob ihn gschlogn, wia wenn's oaner von dene Bonzen war, de uns jetzt regiern."
„Um Himmels Willen, Betty, halten Sie ihren Mund!" Meine Mutter kam gerade noch rechtzeitig, um Bettys weitere Äußerungen zu bremsen. Draußen hörte man die Stimmen zweier Frauen, die ausgebombt und bei uns einquartiert worden waren. Man konnte nie sicher sein, wer hinter der Küchentüre horchte. Meine Mutter stellte eine Schüssel mit Erbsen auf den Tisch, schüttelte den Kopf und meinte tröstend: „Betty, nun machen Sie sich mal nicht zu viele Gedanken um den Teig. Vielleicht liegt's am Wetter. Morgen wird es regnen, das sieht man ja schon an den Fußböden!" Sie betrachtete den grauen Steinfußboden, auf dem sich, wie auch im Hausgang, dunkle Flecken zeigten. An diesen feuchten Stellen ließ sich ablesen, wann es trotz Sommerhitze, warmen Herbst- oder Frühlingstagen, regnen würde. Das war eines der unergründlichen

Rätsel, die unser altes Haus nicht preisgab. „Schlimmer ist es, daß es meinem Mann so schlecht geht, ich mache mir große Sorgen, denn er wird nach Rußland zurückkehren müssen, trotz der Gelbsucht, die er sich dort geholt hat", fuhr meine Mutter fort. „Warum versetzt man ihn nicht an die Heimatfront? Vielleicht zum Wehrersatzamt? Auch dort braucht man Dienst tuende Offiziere! Was ist da schon ein Hefezopf angesichts dieser Probleme, die sich vor einem auftürmen."

Als Betty das Gebäck aus dem Ofen zog, hatte es eine goldgelbe Farbe und sah aus wie alle Zöpfe, die sie jemals gebacken hatte. Aber es war steinhart. Sie klatschte das Trumm auf die beste Platte vom Nymphenburg-Service und sagte: „Na schaugt er wenigstens wos gleich. Vielleicht woacht da Zopf bis morgn durchs Weda no auf!"

Doch auch am nächsten Sonntagmorgen war er unverändert hart. Es war fürchterlich! Ausgerechnet während des kurzen Genesungsurlaub meines Vaters, den sie heimlich verehrte, war ihr der Hefezopf mißlungen! „Das war das Schlimmste, was passieren konnte", jammerte Betty und ließ sich nicht trösten und konnte sich dies Unglück nicht erklären. Sie hatte ihn nach dem selben gewohnten Rezept wie immer gebacken. Betty schluchzte. Verzweifelt wischte sie sich die Tränen von den Backen und verschmierte damit die Farbe, die sie sich sonntags ins Gesicht tupfte, um, wie sie meinte, frischer auszusehen. Das „Rouge" stammte vom roten Papier, in das der Karlsbader Feigenkaffee eingewickelt und verkauft wurde.

Auch bei uns in der Küche lagerte so ein Paket. Betty war nicht die einzige, die diese Farbe als Rougeersatz benutzte.

Meine Großmutter warnte, wir sollten Betty möglichst in Ruhe lassen und nicht ansprechen, um den Weltuntergang in der Küche nicht noch zu beschleunigen. Ohnehin wollte ihr an diesem Sonntagmorgen nichts gelingen. Die Milch war übergekocht und im Topf angebrannt, auch war ihr schon zweimal das Feuer im Herd wieder ausgegangen, weshalb im Stall die Kälber nicht pünktlich getränkt werden konnten. Sie lief mit rotverweinten Augen herum. Mit der Überzeugung eines Bußpredigers wiederholte und behauptete sie, diesmal habe der Deifi sein Spiel mit ihr getrieben. Meine Großmutter hob mahnend den Finger und meinte, es sei eine Sünde, so zu reden. Betty müsse sofort zum Beichten gehen.

Zum Frühstück dann servierte Betty das steinharte ungenießbare Gebäck. Dann setzte sie ihren Hut auf, von dem meine Großmutter kritisch meinte, es sei ein „Ditschi", denn Betty ging „städtisch" und nicht, wie die anderen Frauen, im bäuerlichen Kirchengwand zum Sonntagsgottesdienst. Aber Betty stammte ja auch aus Niederbayern und da trug man keine Trachten mehr, wie sie mit gewissem Stolz erklärte. Damit das Mittagessen pünktlich um 12 Uhr fertig wurde, wollte Betty meist um 7 Uhr in die Frühmesse. Diesmal aber ging sie mit uns um 9 Uhr ins Amt. Meine Großmutter mahnte zur Eile. Und dann kamen wir doch viel zu spät in die Kirche! Meine Großmutter mühte sich gerade in die Kutsche, da tauchte der Kurti auf. „Kimm schnei, steig ei und fahr mit", schrie ich ihm zu und rückte zur Seite. „Naa, i brauch heut ned in d'Kirch geh", schrie er uns entgegen. „I muaß meim Papa helfn! Mei Mama laßt ausrichten, sie bringt des Mehl morgen zruck! I soi bloß die Tüten mit dem Gips hoin, de mei Papa gestern bei euch in da Küch hot steh lassen!"

„Gips!" Mein Vater lachte so herzlich, daß ihm die Tränen aus den Augen schossen. „Betty", sagte er und drehte sich vom Kutschbock zu uns nach hinten, „ich glaube, die Beichte wegen des Teufels kannst du dir sparen! Wir sollten lieber den Zopf dem Haus der Kunst in München als moderne Gipsarbeit verehren!"

Wenige Tage später notierte meine Großmutter in ihrem Tagebuch: Mein Sohn muß zurück an die Front, wie lange soll das noch gehen? Ich sammle die Raucherkarten für ihn, leider vergeblich, denn man kann trotz Zuteilung auf dies Stück Papier keinen Tabak mehr bekommen. Niemand von uns mag die Tage zählen, aber die Abreise von K.A. zurück an die Front bedrückt uns alle sehr.

Wobei sie den Namen meines Vaters, ebenso wie alle anderen abkürzte oder verschlüsselte. Sie war mißtrauisch geworden. Bei den vielen Menschen im Haus konnte man nie wissen, ob nicht jemand heimlich ihre Aufzeichnungen lesen würde. In diesen Tagen drückte sie mir auch mein Poesiealbum in die Hand, in das sie einen Spruch geschrieben hatte, dessen Sinn ich nicht verstand: „Edel sei der Mensch, hilfreich und gut." Was ist edel? Ich wagte nicht, sie zu fragen.

Tausend Sterne

Tausend Sterne wollte ich am Himmel zählen, als ich an der Hand meines Vaters in die tiefdunkle Nacht ging. Wir stolperten über die Straße, vorbei an den alten Kirschbäumen, die ich in der Dunkelheit nur ahnte, hinaus aufs freie Feld. Pechschwarz und finster war es, bis auf das Licht kleiner Glühwürmchen, die um einen Holzstoß tanzten und in der Finsternis leuchteten. Die Stille und Dunkelheit machten mir Angst, trotz der vertrauten Nähe meines Vaters und der hoch über uns glänzenden Sterne. Denn in diesem schwarzen Nichts, das um uns war, kroch sicher ein Untier über die Erde, verschluckte das Licht, die Sonne, den Mond! Womöglich mußten wir hier in dieser Höllenfinsternis verharren, bis der Tag uns erlösen würde. In dieser dunklen Beklemmung, die mich gefangen hielt, brach die Stimme meines Vaters den Bann. Ruhig meinte er: „Du mußt dich nicht fürchten! Spür einfach den Frieden, der in dieser Stille liegt. Hörst du nicht den leisen Klang der Kuhglocken in der Ferne? Riechst du nicht den unvergleichlich würzigen Duft des Heus? Spürst du nicht, wie sich die

Nachtfeuchte auf deine Haut legt? Du bist nie ganz allein! Wer kann schon voraussehen, ob der Schatten der Dunkelheit nicht auch einmal in dein Leben fällt. Deshalb wollte ich mit dir in die Nacht gehen, um dir die Sterne zu zeigen und um dich die Stille hören zu lassen. Du mußt dich nicht fürchten! Auch dein Vater kennt das Gefühl der Angst und mußte lernen, damit umzugehen. Du weißt, ich bin sehr krank. Trotzdem muß ich wieder fort und würde so gerne hier bleiben. Deshalb rede ich mit dir. Hab Vertrauen in das Licht, das in und um uns ist, das von Gott kommt. Schau zum Himmel!"

Im Tintenschwarz des Firmaments funkelten Millionen Sterne. Das breite Band der Milchstraße wölbte sich leuchtend wie ein Glitzerband in der Unendlichkeit des Universums. „Dort siehst du den Polarstern mittendrin. Es ist der Stern, der stärker leuchtet, als die vielen anderen. Nach ihm haben sich Seefahrer in der Weite des Ozeans orientiert. Und wenn du jetzt eine Sternschnuppe siehst, dann darfst du dir etwas wünschen. Aber niemandem sagen, was es ist, sonst geht's nicht in Erfüllung."

Die Stille machte auch uns stumm, wir flüsterten nur noch miteinander. Bestimmt hatte sich auch mein Vater etwas gewünscht, als ein Stern mit Goldschweif über den Himmel sauste. Wir standen lange und schauten. Zuletzt sagte er: „Komm, es ist spät geworden, du mußt ins Bett. Aber wenn du an mich denkst, dann schau auf zu den Sternen. Auch ich kann sie weit entfernt von euch am Nachthimmel in Rußland sehen."

Wie mißt man mit einem Faden die Zeit?

„Wie mißt man die Zeit?" Betty äußerte sich auf meine Frage ungenau: „Des Jahr bestimmt die Zeit! Schaug, um Neujahr werd der Dog scho wieda um an Hahnenschrei länger, an Heilig Dreikönig um an Hirschensprung und an Liachtmess um a ganze Stund. Die Zeit muaßt rechnen nach'm Kalender, der Arbat im Jahr, nach da Trächtigkeit von de Küah und nach'm Mondwechsel. So, und jetzt hob i koa Zeit mehr für di und muaß an mei Arbat, sonst laaft mir die Zeit davo!" Betty blätterte in der Monatsschrift der Deutschen Frau. „Kind, ois hot sein Gang und 's Lebn aa!" Sie stand vom Küchentisch auf und band sich die breite dunkelblaue Schürze um, die sie immer trug, wenn sie grobe Arbeiten verrichtete.

Mein Vater war für wenige Tage aus der Ukraine, wo er stationiert war, auf Genesungsurlaub nach Hause gekommen. Zusätzlich zu seiner chronischen Nierenerkrankung hatte er sich in Rußland eine schwere Gelbsucht geholt. Trotzdem wurde er nicht kriegsuntauglich geschrieben und mußte zurück in den Osten.
Er war sehr krank! Kolikartige Schmerzen packten ihn. Meine Mutter saß an seinem Bett und versuchte, ihm mit warmen Tüchern und Tee Linderung zu verschaffen. Benzinmangel, verschneite Wege - dem treuen Hausarzt war es nicht immer möglich zu kommen. Es gab Nächte, da stöhnte mein Vater vor Schmerzen. Ich zog die Bettdecke über meinen Kopf und fühlte mich schrecklich hilflos.
„Warum mußt du wieder nach Rußland", schluchzte ich beim Abschied am Bahnhof und klammerte mich an den rauhen Stoff seiner feldgrauen Uniform. „Kann nicht ein anderer zum Ersatz für dich einrücken?" „Das ist ein Befehl!", erklärte er mir und fügte hinzu „Nun sei du ebenso tapfer wie ich es sein muß! Soldaten müssen jedem Befehl folgen, sonst werden sie erschossen. Das willst du doch nicht, mein Sonnenschein?"

Wir kutschierten mit dem Pferdefuhrwerk zurück nach Hause und meine Mutter machte sich daran, liegengebliebene Arbeit zu erledigen. Für mich hatte sie wenig Zeit. Meine Schwester, die geduldig mit mir lesen geübt hatte und sich auch sonst um mich kümmerte, saß stundenlang am Tisch und machte Hausaufgaben. Sie war in die Oberrealschule nach Reichersbeuern gekommen. Von da ab mußte sie bei Wind und Wetter frühmorgens mit dem klapprigen alten Fahrrad zuerst 8 km nach Schaftlach an die Bahn radeln, dann mit dem Zug fahren und zuletzt noch eine halbe Stunde laufen, bis sie endlich im Unterricht saß. Im Winter brachte sie jemand vom Hof mit dem Schlitten bis zur Bahnstation. „Mei host du's guat, daß du mit mir no in d'Volkschui gehst! Des wos du kinna muaßt, wennst amoi groß bist, für des brauchst koa Oberschui, des lernt dir Betty und dei Mama", stellte der Kurti sachlich fest. „Wenn i di heirat, muaßt kocha kinna und waschen und bügeln und Küah melcha! Mehra brauchts ned!"

War das alles im Leben, was ich werden sollte? Eine Bäuerin? Nein, ich träumte davon, Märchenerzählerin zu werden, und sollte daraus nichts werden, konnte ich immer noch eine Lehre als Trachtenschneiderin oder Gärtnerin machen. Ich suchte die Nähe meiner Mutter, wo immer sie gerade arbeitete, stand neben ihr, wenn sie die Hühner fütterte oder am Schreibtisch saß. „Komm, ich seh's dir an der Nasenspitze an, daß du etwas auf dem Herzen hast. Diesmal kann meine Arbeit warten."

Ich folgte ihr ins Wohnzimmer. Dort war es tagsüber meist still und kühl. „Aber nur eine Fadenlänge kann ich hier mit dir sitzen! Das weißt du, dann muß ich zurück an meine Arbeit", sagte sie und griff zu ihrer Handarbeit. Sie fädelte rotes Stickgarn durch das Öhr einer stumpfen Nadel und zog den Faden durch das Leinen. Dieser rote Garnfaden war die Länge der Zeit, die mir gehörte. Ängstlich beobachtete ich, wie der Faden kürzer und die roten Kreuzchen in dem komplizierten Muster auf dem Stoff mehr wurden. Rosenranken und barocke Schnörkel formten sich zum Ganzen.

„Wieviel Zeit liegt in dem Faden?", fragte ich. „Du bist acht Jahre alt und kapierst noch nicht, wie die Uhr geht! Dabei erinnert die alte Standuhr auf dem Gang mit ihrem Glockenschlag an jede vergangene Stunde!" Ich schaute betroffen auf das Garn, wie es von meiner Mutter nach oben und unten durch den Stoff gezogen wurde. Sie hatte recht! Es gab so vieles, was ich noch lernen mußte! Doch irgendwie liefen für mich die Zeiger der Uhr immer anders herum, fehlten manche Silben in den Wörtern. Sie verschwanden regelmäßig auf Nimmerwiedersehen vom Papier, obwohl ich hätte schwören können, sie gelesen oder geschrieben zu haben. Wem konnte ich das erklären? Eine Fadenlänge Zeit war einfach zu kurz, um Dinge, die ich selbst nicht begriff, verständlich zu machen.

Doch warum an so einem herrlichen Tag darüber nachdenken? Im Pferdestall wieherte der Schimmel. Ich lief aus dem Haus und fühlte mich frei und glücklich, weil ich nicht wie meine Schwester auf einem Stuhl im Zimmer hocken und lernen mußte.

Versoffne Jungfern, Arme Ritter

Während des Genesungsurlaubs meines Vaters waren häufig Gäste bei uns. Alle wollten ihn noch einmal treffen, bevor er zurück nach Rußland mußte. Ihm zuliebe trennten sich manche sogar von ihren Rauchermarken oder tauschten sie mit meiner Mutter gegen Naturalien wie Milch, Obst oder Eier.

Ich trödelte in der Küche herum. „Wos gibts'n heut?", erkundigte ich mich bei Betty. „A dicke Suppen, mehr woaß i no ned!"

„Wie wärs als Hauptgericht mit Armen Rittern und Versoffenen Jungfern? Die Kartoffeln für die Suppe haben Sie ja schon auf den Herd gestellt? Die Auswahl des Weins für die Soße überlasse ich meiner Schwiegermutter! Ich hoffe, es lagern noch einige Flaschen Frankenwein im Keller", erklärte meine Mutter. Sie blätterte in dem in schwarzes Wachstuch gebundenem Kochbuch meiner Großmutter. Diese Rezeptsammlung barg Köstlichkeiten, die man auf der Zunge zergehen lassen und genießen mußte, wie mein Vater betonte. Großmutter sammelte seit ihrer Jugendzeit, die sie in einem Schloß im Rheinland verbracht hatte, Kochrezepte.

Betty brachte aus der Speisekammer einen Topf gefüllt mit Milch, zählte Semmeln, die sie tags zuvor auf Brotmarken beim Bäcker gekauft hatte und schlug zwei Eier in eine Schüssel. Diesmal waren zwei alte Damen zu Fuß aus Miesbach gekommen, Tante Elisabeth und Tante Marietta. Bei uns hießen sie die „Gräfinnen". Ich hatte sie schon von weitem an ihren Rucksäcken, den verwitterten Trachtenhüten und regenerprobten Lodenmänteln erkannt. „Die Mehlspeis braucht ned sovui Zeit! Sie wissen, gnä Frau...". Betty wollte sich diese Anrede nicht abgewöhnen, obwohl meine Mutter meinte, das sei unnötig.

„Also gibt es nach der Suppe Arme Ritter und Versoffene Jungfern", beschloß meine Mutter. Hierzu wurden in Milch und Eier eingeweichte Semmeln in der Pfanne mit Fett gebacken. Danach wurden einige davon mit Zimt und Zucker überstreut. Das waren die „Armen Ritter". Der Rest wurde als „Versoffene Jungfern" in Rotwein getaucht.

„**Bei Humpelmeier in München** kann es nicht besser schmecken, so gut duftet es hier!", sagte mein Vater, der wenig später in die Küche schaute, um sich zu erkundigen, wann das Essen fertig sei. „Laß dir Zeit, Betty, wir machen noch einen kleinen Rundgang über den Hof", meinte er liebenswürdig.

Traditionsgemäß gehörte zu diesem Semmelgericht die Weinschaumsoße, eine der Spezialitäten aus dem Kochbuch meiner Großmutter. Im Keller lagerte ein kleiner Vorrat an Weinflaschen. Manche stammten noch aus der Zeit meines Großvaters, der 1938 gestorben war. Er war Chirurg und Professor gewesen und hatte viele dieser guten Tropfen als Geschenk von dankbaren Patienten, manchmal wohl auch für nicht gestellte Rechnungen erhalten. „Der beste Sylvaner kommt aus dem Fürstlichen Weingut Castell und auch den Spätburgunder mit seinem vollmundigen Bouquet aus dem Fürstlichen Haus schätze ich sehr", pflegte mein Vater zu sagen.

Meine Großmutter war zusammen mit Betty die ausgetretene Treppe in den Keller gestiegen. In einer Hand hielt Betty eine Kerze, mit der sie die Stufen beleuchtete, mit der anderen stützte sie meine Großmutter. Hinter den beiden schlich ich mich ebenfalls hinab. Der modrige Geruch von faulenden Kartoffeln, Feuchtigkeit und Kohlen zog uns entgegen. Das spärliche Licht des kleinen Feuerscheins warf flackernde Bilder über die Gewölbedecke und legte einen milden Schein auf die dunklen Wände. Es knirschte, als Betty das verrostete Schloß des Weinregals öffnete. Meine Großmutter beförderte eine bauchige Flasche ins Kerzenlicht, wischte den Staub vom Etikett und sagte nachdenklich: „Eine Bocksbeutelflasche, ach, ein Sylvaner! Wie gerne erinnere ich mich an meine junge Ehe und die Zeit in Würzburg! Besonders im Herbst haben wir an sonnigen Tagen die Postkutsche bestiegen und sind, umständlich genug, zur Weinlese nach Castell gefahren. Das ist ein kleiner Ort, umgeben von Weinbergen mit den besten Lagen des fränkischen Weins. Von Würzburg aus war das beinahe eine Weltreise! Damals vor dem ersten Weltkrieg! Mein Gott, ist das lange her, und was ist in der Zwischenzeit alles geschehen!" Ein weicher Ton schwang in der Stimme meiner Großmutter, wie häufig, wenn sie von früher erzählte. Hier im Keller, die Weinflasche in der Hand, erinnerte sie sich an ihre Jugendzeit und erzählte, wie sie Rast im Garten des Fürstlichen Weinguts von Castell gemacht hatten, um den neuen Wein zu verkosten. Fröhlich waren sie anschließend vorbei an kleinen Weinorten über den Schwanberg nach Rödelsee gewandert, um zuletzt in Rüdenhausen in einem der gemütlichen Dorfgasthäuser die Nacht zu verbringen.

„*Frau Professor!*" Ungeduldig wippte Betty mit ihren Füßen und faßte endlich den Mut, meine Großmutter zu unterbrechen. „Entschuidigens scho, aber i soit kochen und Kartoffeln für d'Suppen sand sicher a scho obrennt!" „Liebe Betty, gehen Sie nach oben in die Küche, öffnen Sie diese Flasche. Nach so langer Zeit läßt sich's nicht mehr feststellen, welcher Wein hier noch genießbar ist oder bereits korkt. Wen interessieren meine längst vergangenen Geschichten?" Großmutter drehte den Schlüssel im Schloß des Weinregals um, griff zur Kerze, die Betty fürsorglich stehen gelassen hatte, und stieg mühsam nach oben. „Für wen hams jetzt eigentlich de Flaschn aufgspart? Für den Endsieg? Für unsern Führer vielleicht? Na, der hot selber gnua Flaschen im Keller! Austrinkn hättns den soin, solang er no guat war." Betty roch am Korken einer geöffneten Flasche. „Do soist wos Guats aufn Tisch bringn, wia in Friedenszeitn und nix konnst mehr braucha." Betty ergriff erneut den Kellerschlüssel „I hoi für d'Weinschaumsoß a neie Flaschn, Frau Professor! Und an guatn Wein, den trinkens heit mit dem gnädigen Herrn auf sei Gsundheit, daß er guat wieda hoam kimmt aus'm Kriag. Ned des kloane Glück, des große braucht ma in dera Zeit!"

Der Weg zu diesen süßen Gaumenfreuden, Arme Ritter und Versoffene Jungfern, war wieder einmal von der berühmten dicken Kartoffelsuppe abhängig. Wie immer wurde sie hochherrschaftlich in der barocken Suppenschüssel aus Zinn serviert.
Um den Magenpapp kam keiner herum! Meine Mutter gab jedem einen kräftigen Schöpflöffel voll auf den Teller, nahm dann die Schüssel mit einem heftigen Ruck vom Tisch und stand auf. „Betty hat die Kartoffeln in der Suppe wieder mal anbrennen lassen!" Sie verschwand Richtung Küche. Über den Gang aus der offenen Türe hörte man sie sagen: „Das kann doch nicht immer am Herd liegen und am nassen Holz!" Mehr Kritik wagte meine Mutter auch diesmal nicht anzubringen. Unter Umständen wäre sonst die Suppe mit den Tränen unserer dicken Köchin verdünnt worden. „Entschuldigt", erklärte mein Vater den Gästen und griff zum Löffel. „Betty kann empfindlich sein wie ein Soufflé, dem man nicht die richtige Zuwendung schenkt. Aber kochen kann sie wie eine Göttin, wenn sie Lust hat, nur hat sie eben nicht immer Lust! Diese Suppe schmeckt nach Höllenqualm und Kohlen, trotzdem...", er sah mich streng an, „...was auf den Tisch kommt, wird gegessen!"

Die Versoffenen Jungfern waren den Erwachsenen vorbehalten. Ich stocherte in dem weichen Semmelteig der Armen Ritter, tauchte sie in das saure Zwetschgenmus, das anstelle der Weinschaumsoße meinen Teller garnierte. Langsam steckte ich mir winzige Bröckchen auf die Gabel, in der Hoffnung, niemand würde mich bei Tisch bemerken. Es war zu interessant, über was sich die Gäste unterhielten. Meine Mutter reichte die Sauciere herum und wandte sich streng an meinen Vater. „Nun laß dies Thema! Die Kinder!" Aber damit war nur ich gemeint! Meine Schwester war noch in der Schule. „Die Versoffenen Jungfern, man kriegt sie leichter rum, wenn der Wein zwar süffig, aber nicht zu stark ist! Mit diesem guten Tropfen aus dem Casteller Weinkeller ist alles möglich!" „Die Armen Ritter haben aber manchmal auch das Nachsehen, wenn die Jungfern nicht versoffen sind!", antwortete kichernd eine der Damen, worauf alle lachten. Was meinten sie nur mit diesen komischen Bemerkungen? Ich lachte ebenfalls mit, ohne zu wissen warum. Meine Eltern und ihre Gäste hatten ihren Spaß! Manche Sätze, die für Kinder oder für andere Ohren nicht geeignet schienen, sagte man auf französisch. Das aber war verboten, soweit ich wußte. Und wieder war es meine Mutter, die streng zu meinem Vater blickte. Diesmal sagte sie: „Nun laßt das doch, man weiß nie..." Sie stand auf und riß mit einem Ruck die Türe auf. Dahinter stand mit hochrotem Kopf eine der Frauen aus dem Haus, die dort gehorcht hatte, was bei uns gesprochen wurde.

Versteckt im Schrank

Die Stare waren noch einmal aus den Weinbergen in Franken zurückgekehrt, bevor sie sich sammelten um weiter in den Süden zu fliegen. Zwitschernd und kreischend hielten sie den hohen alten Birnbaum besetzt und pickten an den saftigen Früchten.

Kurti, unser Dauergast, wie meine Großmutter regelmäßig bemerkte, tobte an diesem strahlenden Herbsttag wie so oft über den Hof. Die überall in der Gemeinde untergebrachten Kinder aus der Kinderlandverschickung, die nach den Ferien nicht mehr nach Hause konnten, weil sie inzwischen ausgebombt waren, wollten oft unter sich bleiben. Diesmal aber spielten wir alle einträchtig zusammen.

Ich hatte mir die Wagenremise als Ort ausgesucht, an dem ich mich verstecken wollte. Sie wurde nur zum Teil genutzt, um die Heuwagen, den schweren Mistwagen und andere landwirtschaftliche Geräte unterzustellen. Oben am Firstbalken hingen im Winter die Hainzen, Gestelle, die man zum Trocknen fürs Heu brauchte. Im Sommer lagerten in einer Ecke die Winterfenster, die wir im Spätherbst vor den Fenstern des Bauernhauses anbrachten. Die Ritzen wurden dann gegen Zugluft und Kälte mit Moos ausgepolstert. Ein Teil des Schupfens, der altersschwach bei jedem Sturm zusammenzubrechen drohte, wurde zum Lagern von Holz genützt. Eine wackelige, schmale Stiege führte hinauf zu einem Zwischenboden, wo eine wurmstichige Hobelbank und ausrangierte Gartenstühle abgestellt waren. Manchmal lagen auch leere Bierflaschen herum. „Dünnbier", stellte der Kurti fest. „So a Plempe. Wasser, des noch Bier schmeckt! Mei Papa sauft des aa, aber er schütt an Schnaps nei!"
Hinter einem Stapel wurmstichiger Bretter und zerfetzten Kartoffelsäcken stand kaum sichtbar ein wackeliger, bunter Bauernschrank.

Irgendwann war er hier abgestellt, in sich fast zusammengekracht und vergessen worden. Wenn ich im unteren Teil der Holzlege auf den großen Holzhaufen kletterte, dann stand ich genau unter diesem Schrank. Ich stellte fest, daß er keinen festen Boden mehr hatte. Eine aufregende Entdeckung! Mit einiger Kraftanstrengung schaffte ich es an diesem Nachmittag, von unten zwei lose Bretter zu verschieben. Ich zog mich hoch und verschwand im Schrank! Ein wunderbares Versteck! Es schien, als habe mich der Erdboden verschluckt. „De hot oana wegzaubert, de is a Hex!", hörte ich Kurtis Erklärung für mein Verschwinden. Dann verdrückte sich die versammelte Kindermannschaft. Was ich zwar nicht sehen, aber gleich drauf hören konnte, war der Anmarsch von Kurtis Papa. Er brüllte wütend herum und drohte wie immer seinem Sohn eine Tracht Prügel an. „Du Saubua, du elendiger, schaug, daß d' hoamkimmst, wo treibst'n du di do oiwei umanander!"

Nun wollte ich wieder aus meinem Versteck hervorkommen. Doch erschrocken stellte ich fest, daß ich nicht mehr aus dem Schrank herauskam So blieb ich zusammengekauert, wo ich war, und konnte durch einen Spalt sehen, wie es draußen dunkel wurde. Trotzdem versuchte ich nicht, mich zu befreien und schrie auch nicht um Hilfe, denn über die Holzstiege polterten schwere Schritte. Mehrere Männer versammelten sich vor meinem Schrank. Ich hörte den Verschluß von Bierflaschen schnappen. Da mir die Stimmen fremd waren und ich nicht wußte, wer das sein konnte, hatte ich Angst, mich zu verraten. So wurde ich Zeuge eines Gesprächs, das sicher nicht für meine Kinderohren bestimmt war. Später trampelten Männerstiefel wieder nach unten über die Stufen der Stiege, Kies knirschte auf dem Hof, die Schritte entfernten sich. Nun endlich gelang es mir, mich zu befreien. Ich ließ mich nach unten auf den Holzstoß fallen, stolperte über Brennholz, zog mir einen Schiefer unter dem Daumennagel ein, zerkratzte mir die Beine und schlich mich in der Dunkelheit nach Hause.

Viele Tage später vertraute ich meiner Mutter die Geschichte an. Diesmal hörte sie mehr als eine Fadenlänge zu, wollte alles, was die Männer gesagt hatten, genau wissen, obwohl sie gleichzeitig meinte, ich hätte die ganze Sache sicher nur geträumt oder falsch verstanden. Sicher würde niemand angezeigt, ins Straflager oder ins Gefängnis gebracht! „Du hast zuviel Phantasie", sagte sie. Ihre Hände zitterten und es klang sehr eindringlich, als sie mir einschärfte: „Das darfst du niemanden erzählen. Versprich es mir! Und du darfst auch niemandem sagen, daß du unsere Magd Rosa mit dem Kriegsgefangenen Louis hinten am Waldrand zusammen gesehen hast. Hast du wirklich beobachtet, wie sie sich geküßt haben? Ich hoffe, auch

darüber hast du mit niemandem gesprochen!" Meine Mutter legte ihre Handarbeit zurück in einen Korb und sagte: „Von jetzt ab gehen wir zusammen in den Wald, dort habe ich mehr Zeit für dich und kann dir manches erklären. Wir sind allein und ungestört."

Wir stapften über Wiesen, machten weite Wege durch die Wälder, sammelten Pilze oder Blaubeeren und die Zeit wurde nicht mehr mit einer Fadenlänge gemessen. Dabei erfuhr meine Mutter auch, daß ich vor Wochen den Louis und die Rosa dicht am Zaun, versteckt hinter den Brennesseln, halbnackt auf einer Decke hatte liegen sehen. „Warum lagen sie so dicht aufeinander?", fragte ich neugierig. „Um Gotteswillen!" Obwohl meine Mutter oft mit mir wie mit einer Erwachsenen sprach, schwieg sie diesmal auf meine Frage. Wie oft in letzter Zeit erklärte sie: „Das hast du wohl nur geträumt!" Und erneut schärfte sie mir ein, daß ich darüber mit niemadem reden durfte. Wir setzten uns auf Baumstämme und ich hörte genau zu, wie sie mir erklärte, wie schlimm es sein konnte, wenn jemand kritisch etwas gegen den Führer sagte oder daran zweifelte, daß Deutschland den Krieg gewinnen würde. Das waren Gründe genug, um sofort ins Konzentrationslager nach Dachau zu kommen oder sogar mit dem Tod bestraft und hingerichtet zu werden. Ebenso war es verboten, mit den Kriegsgefangenen viel zu sprechen. „Wenn sich der Louis und die Rosa aber lieb haben?", versuchte ich zu ergründen. „Auch das ist streng verboten! Das wäre für beide sehr schlimm", flüsterte meine Mutter, als könne uns sogar hier in der Waldeinsamkeit jemand hören. „Das darfst du auch nicht deinem

Freund Kurti erzählen, versprich es mir!", befahl sie mir streng und sagte wie zu sich selbst: „Sei besonders vorsichtig, wenn dich jemand auszufragen versucht! Auch bei den besten Freunden muß man abwägen, was man erzählt."

Meine Freundschaft zum Kurti bekam durch die Warnung meiner Mutter einen kleinen Sprung. Und ich sagte oft: „Des woas i ned." Worauf mich der Kurti als „bleeds Madl" betitelte. Die Holzlege wurde bald darauf auf Anordnung meiner Mutter wegen Einsturzgefahr für uns Kinder gesperrt. Der Schrank lag später zerhackt auf dem Holzhaufen. Betty flüsterte mit meiner Großmutter: „Wissens des aa, Frau Professor? Leit ham sie bei uns in da Hoizschupfn troffn. Wos werd do wieda gred wordn sei?" „Schupfenpolitik! Gerüchte! Betty, darüber sollte man kein Wort verlieren, Sie wissen, das Haus hat große Ohren", antwortete meine Großmutter und Betty meinte „Hob i mir a scho denkt! Hot der Herr Pfarrer eh am Sonntag in seiner Predigt gsogt: «Schweigen ist Gold und Reden ist Silber». Weil i grod beim Silber bin, des muaß wieda putzt werdn, bloß mit wos? Im oidn Haushaltbüchal von meiner Muatta, Gott hab sie seelig, hoasts, Silber putzt man mit Schlemmkreide. Woher nehmen, wenns ned amoi mehr Zahnpasta zum Kafn gibt!"

Der letzte Kriegswinter

„Es behüte und beschütze euch der Vater, der Sohn und Heilige Geist. Kinder bleibts gsund und laßts euch vom Christkindl was Gutes bringen! Wer weiß, wie das Jahr 1945 wird." So verabschiedete uns der Herr Pfarrer nach dem Schlußgottesdienst in die Weihnachtsferien.

Vor dem Schulhaus, geschützt hinter einem aufgeschaufelten Berg Schnee, formten der Kurti und ich dicke Bollen, Munition für die Schneeballschlacht, die wir gleich darauf mit den anderen Kindern austragen wollten. Aber anders, als wir uns

das vorgestellt hatten, wurden wir zum Schluß von den kräftigeren Kindern mit Schnee eingerieben, so daß der Kurti und ich heulend unsere Schulranzen packten und heimlaufen wollten. Das war aber gar nicht so einfach. An der Unterseite meiner Holzschuhe bildeten sich Eiskrusten in unterschiedlicher Dicke. Oft mußte ich stehen bleiben und die Schuhe gegeneinander schlagen, um den gefrorenen Schnee abzuklopfen. Trotzdem war ich froh, daß ich endlich meine Holzschuhe bekommen hatte! Die Zehen fanden wieder genügend Platz, auch mit den Schafwollsocken, die so herrlich warm waren. Betty hatte sie absichtlich zu heiß gewaschen, so daß sie verfilzten, was sie fester und dicker machte. Meine Großmutter hatte sich lange damit beschäftigt, sie für mich aus der alten Wolle eines aufgetrennten Pullovers, zu stricken. Und immer wieder erklärte sie: „Kind, mit kalten Füßen holt man sich den Tod, kalte Füße sind allen Krankheitsübels Anfang."

Im Herbst war meine Mutter mit mir zum Holzschuhmacher nach Keilsried geradelt. „Mei, Frau", hatte er geseufzt. „Macha konn i d'Schuach scho. Werd aber a zeitlang dauern, 's Leder fehlt ma. Holz han i gnua."
„Wir kommen wieder. Ich werde eine Lösung finden", erklärte meine Mutter energisch und verlangte: „Jetzt nimm Maß bei den Füßen meiner Tochter! Ich tausche auch eingewecktes Obst, Zuckerrübensirup und Schafwolle dagegen oder bezahle die Schuhe."
„Ja, nacha bringst ma hoit a Leder, dann mach i's glei!", sagte der alte Mann. Zuhause griff meine Mutter die beste Vorkriegs-Knicker-

bocker meines Vaters aus dem Schrank. Mühsam trennte sie den Lederbesatz des Hosenbodens ab und meinte strahlend: „So, das Problem ist gelöst, man muß in diesen Zeiten erfinderisch sein!"

Endlich kam ich von meinem mühsamen Schulweg nach Hause. Der Kurti und ich hatten uns knietief durch den Schnee gekämpft. Wir waren in einigen Verwehungen fast bis

zum Kopf versunken, hatten uns weiter durchgearbeitet und zuletzt vergeblich gehofft, daß wenigstens ein Teil des Weges vom Gemeinde-Schneepflug frei geräumt worden wäre. Sicher war es wieder nicht möglich gewesen, genügend Leute und Pferde zusammenzubringen, um mit dem großen hölzernen Ungetüm, das aus dicken Bohlen zusammengezimmert war und an ein Wikingerschiff erinnerte, die Straße frei zu räumen. Meine Trainingshose, die ich wie immer unter meinem Kleid anhatte, war tropfnaß und als ich endlich zu Hause ankam, überlegte ich wieder einmal, warum Mädchen über den Hosen Röcke tragen mußten. Angezogen zu sein wie die Buben, das wäre doch im Winter viel praktischer gewesen. Vielleicht erlaubte das aber unser Führer auch nicht? Es war soviel verboten und überall hingen große Plakate FEIND HÖRT MIT! Dem Feind konnte man alles zutrauen. Hatte er uns doch im vergangenen Sommer sogar den Samen einer wuchernden Unkrautpflanze, dem Franzosenkraut, mit Flugzeugen vom Himmel geschüttet. Jetzt wucherte es nicht nur in Niederbayern auf den Getreidefeldern sondern machte sich auch in unserem Garten breit.

Ich schlug meine Holzschuhe laut klappernd gegeneinander, winkte dem Kurti hinterher und öffnete die schwere Haustüre. Mein Schlitten lehnte an der Wand und daneben tropfte von einer buschigen Tanne der Schnee. Jemand hatte schon den Christbaum aus dem Wald geholt. Aus der Küche zog ein würziger Duft, der nur von einer Hühnersuppe stammen konnte. Ich unterschied den Geruch von Sellerie, Zwiebeln und gelben Rüben. Außerdem kochte in der

Suppe der Gockel, dem Betty am Vortag in meinem Beisein auf dem Holzblock den Kopf abgeschlagen hatte. „Wenn ma scho koa Schweiners an de Feiertog ham, gibts wenigstens a Henersuppn", erklärte Betty, nachdem sie den toten Gockel eingefangen hatte, der kopflos über den Hof gerannt war.

Im Hausgang stand ein Koffer. Am Garderobenhaken hing ein graugrüner Wehrmachtsmantel. Mein Vater war nach Hause gekommen! Schon vor Wochen oder Monaten seiner Krankheit wegen zurück an die Heimatfront versetzt, tat er nun irgendwo in Bayern seinen Dienst. Vielleicht durfte er jetzt endgültig zu Hause bleiben? Woher sollte ich das wissen? Niemandem war darüber ein Wort über die Lippen gekommen, denn in den vergangenen Wochen hatte sich die Angst auf dem Hof breit gemacht. Die Gestapo war überraschend dagewesen. Louis, unser kriegsgefangener Franzose, war ins berüchtigte Straflager nach Moosburg abgeholt und Rosa nach Miesbach ins Zuchthaus gebracht worden. Die Gespräche der Erwachsenen waren seither zu eintönigen Worten vertrocknet.

Als Ersatz für Louis und Rosa kam Anna, die Ukrainerin. Sie arbeitete im Stall und auf dem Hof und saß oft in der Küche auf der Holzkiste. Sie weigerte sich, ein Wort Deutsch zu lernen, wenn ich mit ihr üben wollte. Stattdessen schaute sie uns bitterböse an und zerschmatzte heiße Kartoffeln, die ihr Betty gab. Betty verständigte sich nämlich auch ohne Sprache mit ihr und schätzte es, daß Anna so ruhig und gut zu den Tieren war. Trotz der Kälte und obwohl meine Mutter sich bemüht hatte, ein paar Stiefel für sie aufzutreiben, lief Anna barfuß. Sonntags trug sie über ihren blonden Haaren ein buntes rosenbedrucktes Kopftuch und traf sich mit den anderen zwangsverpflichteten Ukrainerinnen, die bei anderen Bauern arbeiteten.

Wieso waren Louis und Rosa nicht mehr da? Auf jedes Warum, auch als ich mich erkundigte, warum Rosa immer dicker geworden sei, obwohl sie gar nicht soviel gegessen hatte, erhielt ich nur Schweigen zur Antwort! Irgendwann rutschte Betty genervt auf meine bohrenden Fragen der Satz heraus: „Mei Kind, des ham de foischn Leit erfahren, daß de zwoa sich gern ham. Weil d'Liab in dera Zeit a verboten is! Drum hams die Rosa und den Louis abghoit. Wenns nur 's Leben ned lassen müaßn! Sog du bloß nix, wurscht zu wem!" Das war schon zuviel geredet. Frau Reiberle öffnete die Küchentüre und draußen hörte man die Stimme von Kurtis Papa. „Der!", rutschte es Betty heraus! „Um Gottes wuin, hoffentlich hot koana ghört, wos i zu dir gsogt hob!"

Ich begriff das alles nicht wirklich und dachte bald an etwas anderes: Mein Vater war zu Hause! Das war wichtiger als alles andere.

Hoffentlich kommen die Amerikaner

Hin und wieder öffnete Betty eines der kleinen Dachfenster auf dem Speicher, stellte mich auf einen Hocker, seufzte tief und sagte: „Schau Kind, so groß is die Welt und weit weg is Rußland, Stalingrad und Sibirien. Er kimmt nimma hoam, mei Maxl." Betty wischte sich die Augen. „So vui Burschen und Männer sand gfoin, in Gfangenschaft kemma und vermißt. Des hot er uns brocht, der Bluadskriag! Der Hitler mit seine Versprechungen – und mir warn so dumm und hams glaabt." Kaum verständlich murmelte Betty vor sich hin. „I bet auf d'Nacht immer zur Muatta Gottes von Altötting, Dirndl, mir müaßn betn, daß der Herrgott unser Bayern beschützt, und der Russ ned kimmt. Patrona Bavariae, bitt für uns, hot sogar der Papst gsogt, als er no Nuntius in München war, und daß mir um den himmlischen Schutz betn soin. Der Kardinal Faulhaber sogts aa."

Betty drückte sich mit mir an das Speicherfensterchen. Ich lehnte mich dicht an ihren weichen Körper. Wenn Betty von den Schutzengeln und der Mutter Gottes sprach, dann brauchte auch ich keine Angst zu haben. Wir blinzelten in die Morgensonne, die ihre Strahlen durch die Wolken schob und ihr helles Frühlingslicht glitzernd zwischen die noch kahlen Äste der Bäume über die schlüsselblumengelben Wiesen schickte. An diesem Tag, an dem wir so früh in die Landschaft starrten, wirkte die Welt, die wir überblickten, als habe jemand glitzernde silberne Perlen darüber gestreut. So etwas wie weiße Tauben flatterten dazwischen und schienen die silbernen Glitzerdinger aufzupicken. „Des Zeug stammt von da Flack, unserer Flugzeugabwehr. Aber des ander?" Betty blinzelte in die Sonne. Wir beobachteten meinen Vater, wie er auf der Wiese mit der Spitze seines Spazierstocks die weißen Tauben aufspießte und in einen Kübel leerte. „Mei, des sand ja Flugblätter, de hot der Feind scho wieda oba gschmissn", sagte Betty entsetzt. „Wer de aufhebt und liest, kimmt sofort nach Dachau ins Lager wegen Wehrkraftzersetzung! Wer woaß, ob des ois stimmt, wos auf de Zettel steht?"

„Wenns koana lesen derf, warum werns dann abgworfen?", erkundigte ich mich. „Weils doch glesen werdn, wenns koana sicht. Oft sands französisch druckt und sand für die Kriegsgefangnen bestimmt", flüsterte Betty.
„Dann lesen unsere Franzosen die Zettel", stellte ich sachlich fest. Vom Speicher aus konnten wir im Morgendunst die Kirchturmspitze der Dorfkirche sehen. Das Gipfelkreuz auf dem Wendelstein glänzte

golden von der Sonne bestrahlt. Wir reckten den Hals und beobachteten, wohin der Wind die Rauchfahne trieb, die aus dem hohen Ziegelschornstein der Fabrik in Baum aufstieg. Über uns zeterte ein Star, der auf dem Firstbalken sein Nest bauen wollte und sich durch uns gestört fühlte. Es summte und sang in der Natur, es duftete nach Frühling und weit entfernt auf den Bergen leuchteten die letzten weißen Schneefelder in das dunkle Blau des wolkenlosen Himmels.
Endlich löste sich Betty von unserem Ausguck. „So vui Frieden, wenns nur überall auf der Welt so war. Hoffen und beten mir, daß der Russ ned aa no bei uns in Bayern einmaschiert", wiederholte sie noch einmal. In ihre Backengrübchen legte sich Bitterkeit. Sie seufzte tief und schloß das Fenster. Als wir wieder unten in der Küche waren, meinte sie dann: „I glaab, jetz kemmans boid, an der Donau sands scho!" „Die Amerikaner? Um Gotteswillen Betty, wir hoffen es zwar auch, aber halten wir bloß unseren Mund. Sie wissen, man kann standrechtlich erschossen werden, wenn man sowas sagt!"

Nach diesen Frühlingstagen wurde es ungemütlich kalt und es schüttete wochenlang wie aus Kannen. Frühling wurde es erst wieder lange nach Kriegsende. Den 20. April, Führers Geburtstag, mußten wir aber wie jedes Jahr feierlich begehen. Im weißen Kleid, das mir viel zu eng und zu kurz geworden war, stand ich mit den anderen Kindern auf der Treppe vor dem Schulhaus und reckte meinen Arm zum Führergruß, bis er mir weh tat. Wir sangen „Deutschland, Deutschland über alles in der Welt" und der Bürgermeister in brauner Uniform hielt eine lange, bedeutende Rede. Im Wind blähten sich die schwarz-weiß-roten Hakenkreuzfahnen.

Betty polterte in diesen Wochen häufig auf den Speicher, um, wie sie sagte, nach den Wannen zu schauen, in die es durch das kaputte Dach hereinregnete. Meine Großmutter vermutete aber, daß sie heimlich mit einem alten Volksempfänger, den sie im Waschkorb versteckte, Feindsender hörte. Das war strengstens verboten. Man konnte dafür erschossen werden. Bim bam bim, blubs blubs – Regentropfen platschten in Blechgefäße und Zinkwannen. „Kind, horch! Horch auf die Tropfen. Hörst die Melodie?" Betty hatte mich

entdeckt. Ich war ihr heimlich nachgegangen. Anscheinend störte ich sie. Sie wollte nicht, daß ich merkte, womit sie sich beschäftigte. Deshalb lenkte sie ab und sagte: „Jetzt brauch ma koa anders Konzert. De Marschmusi im Volksempfänger mog i nimma hören. Der Hitler blost uns eh den Marsch und lüagn deans a alle." Betty flüsterte, hustete plötzlich unnatürlich laut, stopfte nervös und eilig etwas in den Waschkorb. Mißtrauisch beobachtete sie besorgt die Speichertreppe. Männerstiefel klapperten über die Stufen! „Mar und Josef, hoffentlich hot neamd wos ghört", murmelte sie und wurde blaß. Es war nur mein Vater, der auf Betty zukam und mit dem sie aufgeregt zu tuscheln begann. „Jetzt is boid so weit, d'Amerikaner sand scho......", mehr konnte ich nicht verstehen.

Kriegsende

War es Ende April oder schon Anfang Mai? Der Morgen dämmerte. Die Zweige der Trauerweide, die weitausladend dicht am Rand des Weihers stand und sich halb über das Wasser beugte, hingen in der grünen Brühe. Im Nachthemd und barfuß lief ich frierend hinunter in die warme Küche. Dort hatten sich an diesem frühen Tag die Hofbewohner zusammengefunden. Sie standen im Kreis um meine

Eltern, Großmutter und Betty herum. Wie aufgescheuchte Hühner flüsterten sie verschreckt miteinander. Irgend etwas Unheimliches lag in der Luft. Ohne zu wissen, was es war, fühlte ich die Spannung, die in den Gesichtern zu lesen war.

Über Nacht hatte sich unser Bauernhof in ein Heerlager verwandelt. Überall standen und liefen Soldaten in blauer Fliegeruniform. Sie hatten von der Scheune und dem Hofbereich Besitz ergriffen. Viele von ihnen waren auf dem Heuboden einquartiert worden und in unserem Wohnzimmer machten es sich fünf Offiziere bequem.

Alles war beschlagnahmt. Die Wehrmacht hatte sogar von unserer Küche Besitz ergriffen. Wir waren nur noch geduldet. Zwar kochte Betty noch Kartoffeln auf dem Herd und machte auch die Milch für die Kälber warm. Sonst aber hatten wir uns ruhig zu verhalten. Meine Schwester und ich waren zuhause, denn die Schule war schon seit Tagen geschlossen. Nachdem ich mich angezogen hatte, versuchte ich mich zwischen die Erwachsenen zu mischen und aus ihren Gesprächen zu erfahren, was eigentlich los war. Kam der Krieg nun bis zu uns? Wieso waren überall Soldaten? Gott sei Dank war mein Vater wieder da. Betty hatte gleich, nachdem er seiner Krankheit wegen aus dem Kriegsdienst entlassen worden war, zu meiner Großmutter gesagt: „Is doch wos guats dro, Frau Professor, daß'n endli hoam gschickt ham! Wos soi so a kranker Mo no ausrichten."

Auf dem Hof, geschützt an der Holzschupfenwand, stand ein Versorgungswagen mit Lebensmitteln der Wehrmacht. Er wurde von einem Soldaten mit Gewehr im Anschlag bewacht. Niemand durfte sich diesem Wagen aus dem Schlaraffenland nähern. Der Kurti war von zu Hause ausgerückt, um auszukundschaften, wie die Lage bei uns war. Niemandem fiel es auf, daß er kurz in die Küche kam und dann mit mir zusammen heimlich verschwand. Wie ich später Betty erzählte, waren wir beide über den Hof geschlichen und hatten hinter dem Rücken des Soldaten eine Holzkiste unter das rückwärtige Fensterchen des Wagens gestellt. Der Kurti war dann darauf gestiegen und hatte versucht zu erkennen, was sich drinnen alles stapelte. Ich stand indessen ängstlich abseits bei der Holzlege. Vom Wagen aus flüsterte er mir zu, welche Köstlichkeiten er erspähen konnte: „Zucker und Honig, Würscht, Schinken, Brot, und no vui bessere Sachan hams dabei!", meldete er sehnsüchtig, bevor er sich eilig wieder davonschlich. In der Ferne war ein unheimliches Grollen zu hören: Geschützdonner! Vom Mangfalltal her quoll dicker schwarzer Rauch über den dichten Fichtenwald, der die Gegend nach Süden hin abgrenzte. „Brenna duats, schiaßn deans, Angst hob i!", schrie der Kurti mir zu und lief so schnell er konnte über die Wiesen nach Hause.

Zurück im Haus, verbannte mich meine Mutter zu den anderen Kindern, zu meiner Schwester und den Flüchtlingsfrauen in den muffigen Kartoffelkeller. Hier roch es modrig und dumpf. In den wenigen Wolldecken, die man in aller Eile hinuntergetragen hatte, saß die Kellerfeuchte. In einer Ecke lagen leere Säcke, in denen die Saatkartoffeln fürs Frühjahr zur Seite gestellt worden waren. „Um Himmels Willen, wer hat hier geplündert, wer war so gedankenlos und dumm?", rief meine Mutter entsetzt. „Jetzt können wir keine Kartoffeln mehr anbauen und müssen im nächsten Winter wieder hungern", sagte sie resigniert und ging nach oben. Über die wenigen Kartoffeln, die dort noch herumlagen, krabbelten und krochen große Käfer. Ihre schwarzen glänzenden Panzer erinnerten mich an Ritterrüstungen aus dem Mittelalter. Sie sahen so aus wie auf den Bildern in meinem Buch mit der Nibelungensage. „Totengräberkäfer, mei, wenn des blos nix bedeut, mir grausts!", sagte jemand und

trat mit dem Fuß auf einen der Kellerbewohner, daß es knackte. In meinem dünnen Kleid und der zu klein und eng gewordenen Strickjacke schlotterte ich vor Kälte. „So schnell werden die Amis auch nicht kommen, Kinder geht rauf in die Küche und wärmt euch auf!", entschied eine der Frauen. „Die Ammis werden gar nicht kommen, der Führer, der Führer läßt uns nicht im Stich!", widersprach meine Tante mit schriller Stimme. Sie hatte bei uns Unterschlupf gesucht und wiederholte nun täglich, daß wir an den Endsieg glauben müßten. „Die Wunderwaffe wird zuletzt eingesetzt und ein kleines nationalsozialistisches Reich wird in der Alpenregion bestehn bleiben!", kreischte sie hysterisch in die trostlose Düsternis des Kartoffelkellers hinein. Aber die Flüchtlingsfrau wiederholte: „Kinder, ihr holt euch hier den Tod! Und wir auch!" „Außerdem, sicherer ist es in diesem Loch auch nicht, als oben, wozu sind sonst die Soldaten zum Schutz auf dem Hof?", ergänzte eine andere Frau und schneuzte sich in die Schürze.

In der Küche stapelten sich schmutzige, abgegessene Teller und großzügig von den Offizieren verschmähte Essensreste. Einer der Soldaten lief geschäftig hin und her und leerte die restlichen Speisen in den Schweinekübel. Anschließend kochte er Kaffee. „Bohnenkaffee!", sagte Betty andächtig und hielt dem jungen Soldaten eine leere Tasse hin. „Schau!" schrie ich entsetzt, „der wischt den ganzen Honig vom Teller und schmeißt ihn weg!" Fassungslos schaute ich zu, wie die begehrenswerte Köstlichkeit im Eimer vertropfte und sich mit den übrigen Resten verschmierte. „Kann ich

nicht Honig oder ein Brot und Butter bekommen?", bettelte ich schüchtern. Doch ein anderer Soldat wies mich zurecht: „Das ist Heeresgut, nichts darf an die Zivilbevölkerung abgegeben werden! Deinem Vater schenken wir ein halbes Kommissbrot! Schließlich war er auch Soldat!"
Inzwischen starrte nicht nur ich hungrig auf die Essensreste. Auch die anderen Kinder hatten sich in die Küche geschlichen. Es war Mittag geworden. Draußen donnerten Tiefflieger über die nah am Hof vorbeiführende Landstraße.

Wir Kinder wurden erneut in das feuchte Kellerverließ getrieben. Später kam meine Großmutter mit einem Märchenbuch zu uns in die Tiefe. Aber im Zwielicht konnte sie nicht richtig sehen. „Ach Kinder, hier in der Dunkelheit kann ich euch doch nichts vorlesen, laßt uns lieber beten", sagte sie hilflos. Die Tränen liefen ihr über das Gesicht. „Daß das Kriegsende nahte, wußten wir ja alle, daß aber dieser Wahnsinnskrieg ausgerechnet nun vor unserer Haustüre sein Ende finden soll…!" Sie zitterte und versuchte trotzdem, uns zu beruhigen. „Gott wird uns vor dem Schlimmsten bewahren. Es gibt Schutzengel für jeden von uns, ihr müßt keine Angst haben!" Plötzlich kam Betty in den Keller gestürzt: „Frau Professor, Sie müssen was tun, sie müssen helfen, die wollen Ihren Sohn erschießen!", rief sie verzweifelt. „Ich muß nach oben", wisperte meine Großmutter mit ersterbender Stimme. Stolpernd tastete sie sich zur Treppe. Wir hörten, wie die Kellertür ins Schloß fiel.

Von Betty erfuhren wir, was passiert war. Einer der Offiziere war auf den Speicher gegangen und hatte versucht, von der Dachluke aus Tiefflieger mit dem Maschinengewehr abzuschießen, die über unser Haus geflogen waren und die Trauerweide in Splitter geschossen hatten. Daraufhin war mein Vater nach oben gerannt und hatte den Offizier angebrüllt, ob er wahnsinnig geworden sei. „Im Haus sind fünfzehn Kinder mit ihren Müttern und andere Menschen untergebracht und Sie wollen als Einzelner noch Krieg gegen die Amerikaner führen und die Tiefflieger abschießen?", soll er gesagt haben. „Ich lasse Sie sofort an die Wand stellen und standrechtlich erschießen! Das ist Wehrkraft-

zersetzung!", war die einzige Reaktion des Offiziers. Betty hatte den Wortwechsel gehört und war sofort zu uns in den Keller gerast. Nun saßen wir alleingelassen hier unten in der Dunkelheit. Meine Schwester und ich hatten furchtbar Angst um das Leben unseres Vaters und wir fürchteten, man würde uns vergessen und der Krieg über uns würde alles zerstören.

Am nächsten Morgen rückten die Soldaten wieder ab. Die Hofbewohner hatten sich in der Küche versammelt und alle redeten durcheinander. Mein Vater lebte! Meine Großmutter hatte gerade noch gesehen, wie zwei Soldaten ihn vor das Haus auf die große Wiese führten. „Dann", sagte meine Mutter, die alles miterlebt hatte, „hat sich diese kleine zierliche Frau dicht vor euren Vater aufgebaut und mit einer Energie, die ich ihr nicht mehr zugetraut hätte, zu den mit Gewehr im Anschlag stehenden Soldaten und zu den Offizieren gesagt: «Der letzte Krieg hat mir zwei von drei Söhnen genommen. Das Leben meiner kleinen Tochter zerrann damals während der Grippewelle wie Wasser im Sand. Mein Mann rettete vielen Soldaten damals im Lazarett als Chirurg das Leben. Können Sie vor Gott diesen Tod wirklich verantworten, können sie verantworten, daß sie mir jetzt meinen letzten Sohn, den Vater meiner Enkelinnen, erschießen, nur weil er das Leben von den Menschen hier retten wollte?»'" Dann habe plötzlich ein Soldat den Offizieren eine Nachricht überbracht, die daraufhin meine Großmutter stehen ließen und zurück ins Haus gingen. Die übrigen Soldaten waren ratlos und ließen meinen Vater einfach laufen.

Während der nächsten Tage zogen in endloser Reihe Soldaten mit Geschützen und Pferden an unserem Haus vorbei. Ihnen folgten die Verwundeten, die sich mit ihren Pferden am Zügel, mit Leiterwagen und zu Fuß dahinschleppten. Viele hatten nicht einmal mehr Schuhe sondern nur verdreckte Lappen an ihren Füßen. Auf den Feldwegen und in den Wäldern unserer Umgebung wurden Lastwagen und Kriegsgeräte unbrauchbar geschossen. Wie jemand aus der Nachbarschaft berichtete, hatten die Soldaten auch den Versorgungswagen nicht weit von uns entfernt einfach stehen lassen.
Dann krachte und rauchte es wieder in unserer Nähe und man sperrte uns Kinder erneut stundenlang in den Keller. Schließlich herrschte Stille. Drei Tage lang konnte man den Eindruck gewinnen, die Welt um uns herum sei im Schneeregen und der Kälte dieser beginnenden Maientage untergegangen. An einem Nachmittag endlich blickten wir aus dem Küchenfenster und sahen gebannt zu,

wie die Amerikaner kamen. Auf dem Kiesbett der ungeteerten Straße rollte langsam mit knarrendem knirschendem Geräusch ein Panzer nach dem andern in Richtung unseres Dorfes, daneben marschierten Soldaten dicht an dicht mit dem Gewehr in der Hand. „Endlich, Gott sei Dank, sie sand da! Die Amerikaner sand da!", schluchzte Betty und versuchte vergeblich, sich die Tränen aus dem Gesicht zu wischen. Meine Großmutter fragte besorgt, ob wir auch das gute weiße Tischtuch hinaus gehängt hatten?

Wie so oft in den vergangenen Jahren war auch diesmal Bettys Küche der Ort, an dem sich alle zusammenfanden. So war es in traurigen und fröhlichen Stunden immer gewesen, so lange ich mich erinnern konnte. Alle fielen sich weinend in die Arme. „Der Krieg ist zu Ende!", schluchzten sie und es war, als löse sich befeiend der große Druck an Last und Angst, den sie so lange ertragen mußten. Der Kurti stürzte in die Küche und schrie: „Mei Papa verbrennt sei Uniform, und d'Hakenkreuzfahna hot er a scho in' Ofen neigschmissen!"

„Na hoffentlich verbrennt er damit auch seine braune Gesinnung", sagte mein Vater knapp. Und der Kurti antwortete: „Des woaß i ned, wos des is, aber mei Papa hot gsogt, wenn eam d'Amis braucha kinna, dann schaugt er sie glei um a Arbat bei dene. Vielleicht kimm i dann aa amoi auf Amerika umi. Do gibts Schoklad grod gnua!"

Epilog

Der Krieg war zu Ende. Deutschland wurde in vier Besatzungszonen aufgeteilt. Bayern gehörte zur Amerikanischen Zone. Die Amerikaner vermittelten uns ein neues Lebensgefühl. Wir lernten den Jazz, Coca Cola, Kaugummi und den Satz „Drive carefully, death is so permanent" kennen (= Fahre vorsichtig, der Tod währt ewig.) Ich bekam meine erste Orange geschenkt und wußte endlich, wie Bananen schmecken. Als ich den ersten Neger sah, wie wir die Schwarzen damals nannten, bekam ich es mit der Angst zu tun und lief davon.

Die rechtlose Anfangszeit nach dem Krieg war jedoch noch nicht der Friede! Wir hatten Angst und Hunger. In der Umgebung geschahen schreckliche Dinge: Bauernhöfe brannten ab, Vieh wurde gestohlen, ein Mädchen wurde umgebracht. Einmal wurden wir sogar von ehemaligen französischen Kriegsgefangenen überfallen. Sie bedrohten uns einen ganzen Tag lang mit Gewehren, plünderten unser Haus und vergewaltigten meine Cousine. Meinen Vater, der versuchte, das zu verhindern, wollten sie erschießen. Dann geschah das Wunder: In letzter Minute erschien plötzlich als rettender Engel Louis, „unser" Franzose. Er war auf einem Kinderfahrrad vom Lager Moosburg zu uns geradelt. Verzweifelt versuchte er, seine Kameraden davon zu überzeugen, daß er bei uns immer gut behandelt worden war. Währenddessen gelang es jemandem vom Hof, die amerikanische Militärpolizei zu holen, vor der dann die Plünderer flüchteten. Auch Rosa, unsere Magd, hatte überlebt. Sie hatte im Zuchthaus ihr Kind bekommen. 1946 heirateten die beiden und gingen in die Heimat von Louis nach Südfrankreich. Kurti zog mit seinen Eltern in eine andere Gegend. Ich habe ihn nach dem Krieg nie wieder gesehen.

Die Bombenflüchtlinge versuchten, so schnell wie möglich, nach Hause zu kommen. Wir freuten uns darauf, endlich nicht mehr so beengt in unserem Haus leben zu müssen. Aber erneut bekamen wir Einquartierungen. Flüchtlinge aus dem Sudetenland, Schlesien, Ostpreußen und Siebenbürgen suchten Unterkunft. Eine wahre Völkerwanderung!

Meine Großmutter hat noch sechs Jahre mit uns Weihnachten gefeiert und meinen Vater um ein Jahr überlebt.

Mein Dank gilt meiner Familie, Wasti, Inke, Kathrin und Alexander sowie meinen Freunden Peter und Brigitte. Sie haben mich unterstützt und aufgemuntert, daß dieses Buch zustande gekommen ist.

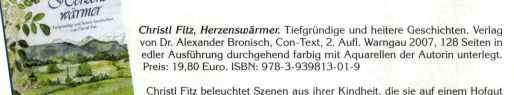

Christl Fitz, Herzenswärmer. Tiefgründige und heitere Geschichten. Verlag von Dr. Alexander Bronisch, Con-Text, 2. Aufl. Warngau 2007, 128 Seiten in edler Ausführung durchgehend farbig mit Aquarellen der Autorin unterlegt. Preis: 19,80 Euro. ISBN: 978-3-939813-01-9

Christl Fitz beleuchtet Szenen aus ihrer Kindheit, die sie auf einem Hofgut im Landkreis Miesbach erlebt hat. Gesprächsfetzen der Erwachsenen und Dialoge zwischen der kleinen Christl und dem frechen Kurti spiegeln wider, wie zwischen 1942 und 1948 die sorgenvolle Zeit in der Welt der Kinder aufgenommen wurde. Damals lernte die Autorin, daß Humor und Lebensmut selbst schlimmen Erlebnissen die Spitze zu nehmen vermögen. In diesen 15 „Herzenswärmern" erzählt sie, wie sie immer wieder auf wunderbare Weise Trost fand und sich mit der Welt versöhnte.

Karl Wiedemann, Nikolaustratzen. Wie ein bayerischer Bub einst die Adventszeit erlebte. Verlag von Dr. Alexander Bronisch, Con-Text, 2. Aufl. Warngau 2008, 128 Seiten mit Ölgemälden und Landschaftsmotiven des Autors illustriert. Preis: 19,80 Euro. ISBN: 978-3-939813-02-6

Karl Wiedemann schildert die Adventszeit so, wie er sie als Bub in den Nachkriegsjahren erlebt hat: geprägt von Bräuchen und Riten, getrübt von den vielfachen Einschränkungen dieser wirtschaftlich schwierigen Zeit, durchzogen von manchen Sorgen und Ängsten, die ein Bub damals auszustehen hatte. Aber er erzählt auch einfühlsam von den kleinen Freuden, die in dieser bescheidenen Zeit eine viel größere Bedeutung hatten als heute. Und auch manche Lausbübereien verschweigt er nicht. Beim Lesen von Wiedemanns Geschichten lebt der Zauber der Adventszeit wieder auf und ein Zipfel des alten Weihnachtsgeheimnisses wird gelüftet.

Barbara Haltmair, 'S boarische Kasermandl. Mit Illustrationen von Wolfgang Wright. Verlag von Dr. Alexander Bronisch, Con-Text, Warngau 2008, 36 Seiten durchgehend farbig mit Wachskreidezeichnungen illustriert. Preis: 21,80 Euro. ISBN: 978-3-939813-04-0

Barbara Haltmair beschreibt den Jahresablauf des bayerischen Kasermandls, eines kleinen freundlichen Kobolds, der bei der Sennerin auf der Alm lebt und ihr ein wenig bei der Arbeit hilft. Er liebt das einfache Leben, ist naturverbunden, bodenständig und ein bisserl fromm. Zu seinen Freunden zählen eine Schwalbe, deren Rückkehr er jeden Frühling sehnsuchtsvoll erwartet, eine Katze und eine kleine Maus. Der Text, 30 gereimte Zweizeiler, ist in bayerischer Mundart geschrieben. Damit hat die Autorin zusammen mit dem Künstler Wolfgang Wright ein Kinderbuch für alle Eltern, Großeltern, Onkel und Tanten geschaffen, die das Verschwinden der bayerischen Sprache beklagen und ihren Kindern gerne etwas auf bayerisch vorlesen möchten, ohne immer aus dem Hochdeutschen übersetzen zu müssen. 'S boarische Kasermandl ist somit ein Buch für Groß und Klein und für alle Liebhaber der bayerischen Kultur.